I0782679

Mein Leben mit dem Suff

-ein Co-Alkoholiker spricht sich frei-

von:
Jörn Bendisch

Bibliographische Information der deutschen Bibliothek
Die Deutsche Bibliothek verzeichnet diese Publikation in der
Deutschen Nationalbiographie: detaillierte bibliographische
Daten sind im Internet über www://dnd.ddb.de abrufbar

Herstellung und Verlag: Books on Demand GmbH, Norderstedt
ISBN-13: 9-78384822198-1

Inhaltsverzeichnis

Prolog

Ich möchte mich an dieser frühen Stelle dieses Buchs nicht in Details verlieren. Nur so viel möchte ich gleich zu Anfang vorwegnehmen: Dieses Buch hat eine Protagonistin und viele Antagonisten, die alle eine Rolle spielen. Leider handelt es sich dabei nicht um gespieltes Theater, sondern leider Gottes um bare Realität. Die Hauptrolle, d.h. die Protagonistin, wird hierbei meine Mutter einnehmen, während wir, d.h. meine Schwester, mein Vater, unser Umfeld und schlussendlich ich die Nebenrollen, d.h. die Antagonisten, spielen. Meine Mutter die Trinkerin, die Alkoholikerin oder noch drastischer formuliert: die Säuferin. Wir anderen haben zwar nicht in dem Maße mitgetrunken bzw. mitgesoffen, jedoch war unsere Rolle nicht minder dramatisch, denn wir alle waren alle die perfekten Co-Alkoholiker.

Der grammatische Gebrauch des Präteritums im letzten Satz deutet schon darauf hin, dass wir ausnahmslos unseren Co-Alkoholismus komplett abgelegt haben. Dies hat jedoch keineswegs einen erfreulichen Grund, denn meine Mutter ist mittlerweile verstorben, sie wurde nur 67 Jahre alt.

Hier ist nun Zeit und Gelegenheit für eine kleine Zäsur, denn es mag sich vielleicht der ein oder andere an dieser Stelle fragen, ob man(n) über den Alkoholismus einer nahe stehenden Person schreiben darf, die zudem auch noch verstorben ist. Ist das denn nicht pietätlos? Ich habe keine Ahnung, ob ich das hier alles schreiben darf, ich weiß nur, dass ich das hier alles aufschreiben *muss*. Denn es gilt hier eben dies zu Papier zu bringen, was immer noch ein gesellschaftliches Tabuthema ist. Es gilt das aufzuschreiben, was hunderttausendfach tagtäglich hinter gutbürgerlicher Fassade geschieht und durch genau diese mühsam verschleiert wird. Alles, was der –man möge mir die emotionale Formulierung verzeihen– scheiß-Alkohol tagtäglich abgerichtet hat und noch anrichtet, das werde ich auf Grundlage meiner persönlichen Erfahrungen zu Papier bringen. Es ist schon erstaunlich. Da hat sich unsere Moral beispielsweise in Bezug auf Nacktheit in der jüngeren Vergangenheit mächtig gewandelt. Wenn ich in meiner Kindheit barbusige Frauen anschauen wollte, dann musste ich dies immer beim Frisör tun, indem ich dort heimlich die „Praline" durchblätterte. Dies findet man heute hingegen nicht nur im Wartebereich der Friseursalons, sondern vielmehr im Privatfernsehen und/oder im Internet. Hier hat sich also etwas im Zeitablauf verändert. Im Hinblick auf den Alkohol kann ich jedoch keine Veränderung feststellen. Hier herrscht augenscheinlich immer noch das Diktat des Schweigens, des Wegschauens und des hinter-vorgehaltener-Hand-Redens.

In diesem Zusammenhang ein kleiner Hinweis an alle Leser dieses Buchs, die sich jetzt die Hände reiben, weil sie vermuten, dass ihre voyeuristischen Motive hier Befriedigungen erfahren. All diese Leser möchte ich schon jetzt enttäuschen, denn hier wird keine wüste Abrechnung erfolgen, kein Zahltag, kein „jetzt rede aber ich" und auch kein tabula rasa. Hier geht es um den Alkohol als (verdammte) Krankheit und als solche muss und will ich ihn auch anerkennen. Denn das Eine möchte ich schon jetzt unmissverständlich klar stellen: Ich habe meine Mutter geliebt, gleichwohl ich ihren Alkoholismus gehasst habe. Dies ist kein Widerspruch, denn Jesus hat ja auch die Sünder geliebt, jedoch nicht die Sünde. Ebenso möchte hier einen kleinen Hinweis an alle (trockenen) Alkoholiker geben, die diesen Band in den Händen halten. Falls ihr nun vermuten solltet, dass ihr jetzt endlich mal jemand begegnet, der den Alkoholismus als Krankheit anerkennt und somit eine große Portion Verständnis für alle Alkoholiker schriftlich niederlegt, dann sind Ernüchterungen quasi vorprogrammiert. Alle die, die so etwas jetzt vermuten, die muss ich nämlich ebenfalls bitter enttäuschen. Ich werde meine Erlebnisse mit dem Teufel Alkohol ungeschminkt und ohne jede Schnörkel schildern. Ich werde mich nicht scheuen, meine wahren und ehrlichen Emotionen bei einem von mir erlebten Suff meiner Mutter so zu schildern, wie sie sich bei mir abgespielt haben. Geschwiegen und beschönigt habe ich lang genug, damit soll nun Schluss sein!

Ja, ihr Alkoholiker seid krank. Hört aber bitte auf, euch hinter dieser Krankheit zu verschanzen! Wenn ihr das tut, dann habt ihr nämlich einen guten Grund um weiter zu saufen. Und wenn ich den Alkoholismus als Krankheit anerkenne, dann heißt das noch lange nicht, dass ich ihn vorbehaltlos akzeptiere.

Ich werde und ich will in diesem Buch keine Gratwanderung beschreiten, das heißt mich auf einen ganz schmalen Weg begeben. Nein! Ich werde mich vielmehr ganz bewusst und permanent rechts und links von diesem Grat bewegen.

Der grobe Aufbau dieses Buches besteht im Wesentlichen aus zwei Teilen. Zum einen werde ich meine Kindheit und zum anderen mein Erwachsenenalter beleuchten und hier insbesondere die Erlebnisse, die ich während dieser Zeit mit dem Alkohol machen musste. Meine Kindheit ist zwar schon lange her und ich kann mich nur noch fragmentarisch an die Vorkommnisse erinnern, jedoch sind noch viele Bilder sehr präsent und scheinen lebendig in meinem Kopf zu sein. Eben diese Bilder werde ich im Folgenden schildern. An den inhaltlich passenden Stellen werde ich theoretische Grundlagen in dieses Buch einfließen lassen. Diese theoretischen Passagen sollen nicht als isoliertes Füllmaterial fungieren. Ich möchte mit ihrer Hilfe vielmehr einen direkten Bezug zum persönlich Erlebten herstellen. Überdies soll mit den theoretischen Hintergründen aufgezeigt werden, dass das Schicksal von Alkoholikern bzw. Co-Alkoholikern bei weitem nicht speziell, sondern vielmehr ziemlich generell ist. Um der besseren Unterscheidung Rechnung zu tragen, habe ich die Theoriepassagen *kursiv* gedruckt.

Da es sich hierbei nicht um eine wissenschaftliche Arbeit handelt, habe ich auf Fußnoten verzichtet. Exemplarisch für alle theoretischen Textteile möchte ich auf das Buch von Günther Schanz „Alkohol in der Arbeitswelt" verweisen, aus dem ich viele Passagen entlehnt habe. Dieser Band enthält meines Erachtens einen sehr ausführlichen und gut lesbaren Grundlagenteil zum Thema Alkoholismus.

In dem abschließenden Epilog werde ich nicht nur das Geschriebene kurz resümieren, sondern auch Lösungen für alle Alkoholiker aufzeigen, dem Teufel Alkohol zu entsagen. Dies gilt auch für alle fast trockene Alkoholiker, die jetzt in diesem Augenblick wieder dieses Kribbeln, diese Gier nach einem Schluck Hochprozentigem verspüren und es gilt auch für alle fast Alkoholiker, die sich auf einem guten Weg zum richtigen Alkoholiker befinden. Es gilt selbstverständlich ebenso für alle Alkoholiker, die im wahrsten Sinne des Wortes noch immer voll dabei sind.

Alle eiligen Leser, die es nicht erwarten können, die Lösung für das Entrinnen aus dem Teufelskreis Alkohol präsentiert zu bekommen, möchte ich auf den fett gedruckten Satz auf der letzten Seite verweisen.

Schlussendlich möchte ich es nicht versäumen, Corinna Hinkel für das unermüdliche Korrekturlesen und die inhaltlichen Verbesserungsvorschläge herzlich zu danken.

Einleitung

Als ich mich entschlossen habe, dieses Buch über den Alkoholismus meiner Mutter und den Co-Alkoholismus ihres sozialen Umfelds zu schreiben, stand der Titel des Buches relativ früh fest: „Mein Leben mit dem Suff". Ich empfinde diesen Titel mit seiner leicht vulgären Note ziemlich treffend, da er meine persönlichen Empfindungen recht deutlich widerspiegelt. Des Weiteren bringt er das eigentliche Problem klar auf den Punkt, das heißt ich habe bewusst keine höflichen oder beschönigenden Umschreibungen gewählt, da sie in meinen Augen eine wesentliche Gefahr in sich bergen, nämlich meinen persönlichen Rückfall in den Co-Alkoholismus. Der Untertitel dieses Buches („Ein Co-Alkoholiker spricht sich frei") beinhaltet eine bewusst gewählte Doppeldeutigkeit. Zum einen möchte ich hier im eigentlichen Sinne des Wortes frei sprechen, das heißt ohne Umschweife und ohne Euphemismen. Zum anderen impliziert er auch eine gewisse Provokanz, denn kann ich mich denn hier im übertragenen Sinne wirklich frei sprechen? Kann ich wirklich sagen: „So, ich habe alles Dagewesene zu Papier gebracht und damit bin ich aus der Nummer raus!"? Ich möchte diese Fragen nicht beantworten, weil die Antwort nach meinem Dafürhalten so trivial ist, dass ich sie hier nicht niederschreiben muss.

Neben dem Titel und des Untertitels bildete sich auch relativ früh der erste Satz dieses Buches heraus, den ich zu Papier bringen wollte. Ursprünglich wollte ich wie folgt beginnen: „Um es gleich zu Anfang klarzustellen: Es geht in diesem Buch nicht um mich, denn nicht ich bin der Alkoholiker...". Jetzt fällt es mir hingegen schwer, eben diesen Satz niederzuschreiben. Ich frage mich: „Kann ich das denn überhaupt von mir behaupten?", „Wann ist man eigentlich ein Alkoholiker?", „Was ist überhaupt normales Trinkverhalten bzw. normaler Alkoholkonsum?" Ich glaube, dass es recht wenig Menschen gibt, die frank und frei zugegeben, dass sie ein Alkoholproblem haben. Bezeichnenderweise behaupten eben dies ja auch viele Alkoholiker von sich (hierbei spreche ich aus eigener, co-alkoholischer Erfahrung). Und wenn selbst Alkoholiker Großmeister des Verleugnens sind, wie soll es dann erst bei den Leuten aussehen, die auf einem „guten" Weg zum Alkoholiker sind?

Ein kurzer Blick auf die Geschichte bzw. auf die unterschiedlichen Kulturen mag die ambivalente Haltung zum Thema Alkohol skizzieren. Die Sumerer waren bereits vor 5000 Jahren mit der Kunst des Bierbrauens vertraut. Und die Babylonier stellten seinerzeit ca. 20 verschiedene Biersorten her, wobei die angewandte Technologie weitgehend der heute üblichen entsprach. Im europäischen Kulturkreis fanden alkoholische Getränke im Mittelalter ihre Verbreitung. So war es zu dieser Zeit durchaus normal, dass sich Männer einmal pro Monat in einen Vollrausch tranken. Das anschließende Schwitzen, das auf den unweigerlich folgenden Kater zurückzuführen ist, würde nämlich die schlechten Säfte im Körper ausscheiden, so glaubte man wenigstens.

*Bei kultureller Betrachtung lässt sich die gesellschaftliche Akzeptanz von Alkohol in vier Kategorien einteilen. Es finden sich auch Autoren, die sich für fünf Kategorien entschieden haben. Ich präferiere jedoch die erstgenannte. Zunächst können diesbezüglich **Abstinenzkulturen** angeführt werden. In diesem Kulturkreis ist der Alkoholkonsum strikt untersagt bzw. verboten. Die Gründe dafür können unter anderem in religiösen Wurzeln gefunden werden. Als Beispiel hierfür können Länder genannt werden, die durch den Islam geprägt werden. Ebenfalls kann in diesem Zusammenhang die Prohibition in Nordamerika angeführt werden. Des Weiteren gibt es **Ambivalenzkulturen**. Wie der Name schon vermuten lässt (ambivalent: zweischneidig) haben diese Kulturen ein gespaltenes Verhältnis zum Alkohol. Hier wird der Alkoholkonsum zeitlich und räumlich beschränkt zugelassen und toleriert. Häufig wird er nur zu bestimmten religiösen Zeremonien zugelassen. Das Trinkverhalten kann hier zwischen totaler Abstinenz und exzessivem Kon-*

sum schwanken. **Permissivkulturen** erlauben den Alkoholgenuss, lehnen jedoch exzessives Trinkverhalten ab. Alkohol fungiert hier als soziales Schmiermittel, denn er fördert in dieser Kultur die soziale Einheit und das gesellige Beisammensein mit anderen. Als Beispiel für eine Permissivkultur wird häufig die Bundesrepublik Deutschland angeführt. Schlussendlich soll noch die **permissiv-funktionsgesteuerte Kultur** genannt werden, in der nicht nur das „normale" Trinkverhalten, sondern auch Alkoholexzesse gebilligt werden. In der Realität trifft man jedoch weniger auf diese Extremform, sondern vielmehr auf Varianten, die als gemäßigte Unterform tituliert werden können. So erreicht beispielsweise der tägliche Alkoholkonsum in Nord- oder Osteuropa im Durchschnitt ein relativ geringes Ausmaß, es kann aber bei bestimmten Anlässen zu extremer Trunkenheit kommen. Des Weiteren muss angemerkt werden, dass auch in der Bundesrepublik Züge einer permissiv-funktionsgesteuerten Kultur zu erkennen sind. Man führe sich hierzu nur einmal bestimmte Volksfeste, Karneval etc. vor Augen. Wird hier nicht ein willkommener Anlass zu einem mehr oder weniger gesellschaftlich tolerierten exzessiven Alkoholkonsum gesehen?

Schlussendlich ist es auch durchaus denkbar, dass sich innerhalb der vorgestellten Kulturen noch einzelne Subkulturen herausbilden. Hier ist eine Clique, das heißt ein kleines, soziales Refugium, die regelmäßig am Wochenende um die Häuser zieht und „es richtig krachen lässt". Und dort ist eine Clique (oder auch ein kleines, soziales Refugium), die sich am Wochenende zum gemeinsamen Spielabend trifft und fernöstlichen Tee konsumiert. Trotz aller Unterschiedlichkeiten haben diese beiden fiktiven Cliquen zwei herausragende Gemeinsamkeiten: Sie haben gemeinsam viel Spaß und sie erachten ihr Verhalten als völlig normal. Komisch wird es nur, wenn die Cliquen ihre Mitglieder untereinander tauschen. Erst dann verwischen sich die Grenzen zur sogenannten Normalität. Dies gilt im angeführ-

ten Beispiel vornehmlich für das unterschiedliche Trinkverhalten.

Anhand dieses kurzen Exkurses lässt sich schon relativ leicht ableiten wie schwierig es ist, normales von anormalem Trinkverhalten sauber zu unterscheiden. Allein die kulturellen Unterschiede lassen eine exakte Trennung so gut wie gar nicht zu. Diesbezüglich reicht es übrigens voll und ganz aus, sich innerhalb der Grenzen der Bundesrepublik Deutschland zu bewegen. So hat wohl ein Familienmitglied aus einer rheinländischen Winzerfamilie einen ganz anderen Bezug zum Alkohol als ein Familienmitglied aus einer norddeutschen Buchhalterfamilie. So mag es in einigen (südlichen) Bundesländern durchaus üblich sein, dass das Mittagsmahl von einem Hefeweizen begleitet wird, demgegenüber stößt eben dies in anderen Regionen auf mehr oder weniger Irritationen.

Ich möchte das Thema „normaler Alkoholkonsum" jedoch nicht mit meinen holzschnittartigen Theoriekenntnissen auf sich bewenden lassen, sondern vielmehr an dieser Stelle eine Selbstreflexion durchführen. Schließlich habe ich seinerzeit in Vollzeit studiert und als ehemaliger Student kann ich sicherlich etwas zum Thema Alkoholkonsum und Partys verlauten lassen. Rückblickend auf meine Studentenzeit möchte ich nämlich sagen, dass es hier und dort durchaus eine durchzechte Nacht gegeben hat, der ein Tag voll von Übelkeit und Kopfschmerzen folgte. Ich kann auch nicht von mir behaupten, dass ich auf Studentenpartys vorwiegend Mineralwasser oder Brause zu mir genommen habe. Schlussendlich kann ich auch von mir sagen, dass wir durchaus während des Studiums Alkohol zu unchristlichen Zeiten konsumierten. Nachdem die letzte Klausur im Semester geschrieben war wurde dies um die Mittagszeit mit einem wohlverdienten Bier begossen. Fast überflüssig zu erwähnen, dass es nicht bei dem einen Bier geblieben ist. Ich möchte hier jedoch kein allzu schiefes Bild von meiner Studienzeit zeichnen, denn es gab genug Zeiten während des Semesters, in denen wir nicht getrunken, sondern gelernt haben. Alkohol gehörte somit zu meinem Studentenleben, bestimmte aber eben dieses nicht. Überdies muss ich auch noch sagen, dass es auf den Studentenpartys immer Kommilitonen gab, die deutlich mehr tranken als ich. Vereinzelt gab es hier Trinkverhalten bis zum sprichwörtlichen Verlust der Muttersprache. Der Fairness und der Vollständigkeit halber möchte ich noch erwähnen, dass es auf besagten Partys auch Kommilitonen gab, die deutlich weniger getrunken haben als ich.

Ich möchte hier mein Studium verlassen und kurz eine Zeit in meinem Leben beleuchten, die von einer sehr anstrengenden und fast schon pathologischen Beziehung geprägt war. Prägend für diese Zeit war der Alkoholkonsum, der quasi auf der Tagesordnung stand. Selbstverständlich lehne ich mich heute in den Brustton der Überzeugung und behaupte, dass ich seinerzeit nie und nimmer ein Alkoholiker gewesen war. Jedoch muss ich mir selbst eingestehen, dass der viele Stress und die heftigen Streitereien in dieser Beziehung irgendwie mit Alkohol besser zu ertragen waren. Ich habe nach wie vor keinerlei Ahnung, ob und wie stark ich während dieser Zeit gefährdet war, ein Alkoholiker zu werden. Das Eine kann ich jedoch mit recht großer Sicherheit festhalten: Ich befand mich höchstwahrscheinlich auf einem „guten" Weg, ein typischer Alkoholiker zu werden.

Und wie schaut es heute mit meinem ganz persönlichen Trinkverhalten aus? In der Woche trinke ich wenig bzw. gar keinen Alkohol. Dies hängt sicherlich mit meiner Arbeit zusammen, die mich ausfüllt und in der ich aufgehe. Hier kann ich keinen schweren Kopf gebrauchen. Noch viel wesentlicher für dieses abstinente Trinkverhalten ist jedoch ein ganz banaler Grund: Ich habe ganz häufig schlicht und ergreifend keinen Bock auf Alkohol und trinke viel lieber eine Flasche Mineralwasser, eine Apfelschorle oder auch mal ein alkoholfreies Hefeweizen. Am Wochenende darf es dann schon einmal ein Bier sein. Hier hole ich jedoch nicht das nach, was ich in der Woche „versäumt" habe, sondern genieße das vielleicht männertypische Bundesliga-Pils oder trinke im Sommer nach dem Holzhacken ein kühles Bier. Darüber hinaus gibt es auch noch heute Situationen, in denen es der Anlass hergab, mehr als ein, zwei, drei Bierchen zu trinken. So einen Anlass hatte ich beispielsweise mit guten Freunden und ich muss ehrlich sagen, dass ich mit mächtig viel Schräglage ins Bett gewandert bin. Diese Situation ist jedoch mittlerweile drei Jahre her und sie hat sich bis dato nicht wiederholt.

Ich etikettiere dies als „normales" Trinkverhalten. Gleichwohl ich immer noch nicht mit Bestimmtheit sagen kann, was denn nun „normales" Trinkverhalten ist und wo genau der gefährliche Bereich beginnt. Überdies ist mir durchaus bewusst, dass dies alles nach Strich und Faden erstunken und erlogen sein kann. Es kann ja durchaus sein, dass ein exzessiver Trinker hier und jetzt seinen Lesern mal richtig was vom Pferd erzählt, indem er sich als moderater Alkoholkonsument darstellt. Neben der Tatsache, dass ich hier bewusst die Leser angelogen hätte, was schon schlimm genug ist, würde sich hier noch etwas anderes, viel, viel schlimmeres offenbaren: Ich hätte mich selbst belogen!

Ich will es mal für mich so zusammenfassen: Wenn die Phasen überwiegen, in denen nach dem ersten Bier Schluss ist, wenn zwei, drei, vier oder fünf alkoholfreien Tage nicht als herausragende Leistung, sondern vielmehr als völlig normal angesehen werden, dann liegt nach meinem Dafürhalten kein Grund zur Besorgnis vor. Dies ist jedenfalls meine ganz persönliche Philosophie und mit dieser Philosophie kann ich sehr gut leben!

Kapitel 1: Die Beinahekatastrophe

Viele Erlebnisse aus meiner Kindheit sind nur noch holzschnittartig präsent und sicherlich habe ich auch einiges mittlerweile vergessen. Jedoch sind mir die einschneidenden Vorkommnisse noch ziemlich plastisch vor Augen und ich empfinde es im Nachhinein erschreckend, wie sich so manches Ereignis förmlich in mein Gehirn eingebrannt hat. Zu eben diesen Erlebnissen gehört sicherlich der Alkoholkonsum meiner Mutter, eben auch die folgende Episode. Dieses Erlebnis mag vielleicht auch das spätere Verhalten meiner Mutter erklären, da es sich auch für sie um ein sehr einschneidendes und sehr prägendes Ereignis handelte. Das Kapitel ist nicht umsonst mit „Die Beinahekatastrophe" überschrieben, da meine Mutter hier dem Tod gerade so eben von der Klinge gesprungen ist:

Ich befand mich im jungen Alter von ca. 8 Jahren, meine Schwester hatte ebenfalls schon das Licht der Welt erblickt und befand sich mit ihren 2 Lebensjahren im zartesten Kindesalter. Wir lebten seinerzeit in einem 30.000-Seelen Dorf, wo wir ein Mehrfamilienhaus bewohnten. Mein Vater übte den Beruf als Bilanzbuchhalter aus und meine Mutter war gelernte Frisörin und befand sich im Mutterschutz. Letztgenanntes kann ich jedoch nicht mehr mit absoluter Sicherheit sagen, denn ich kann mich ganz vage daran erinnern, dass ich meine Mutter mal zu ihrem damaligen Arbeitgeber in den Friseursalon begleitete. Dies hat sich in meine Erinnerungen gehaftet, weil mir noch ziemlich präsent ist, dass meine Mutter Köpfe geschnitten und gewaschen hat und mir damals stinklangweilig war, so dass ich anfing, Pulmoll-Bonbons zu futtern, die sich an der Kasse in einer Art Spender für die Kunden befanden. Irgendwann bekam ich dann eine Zurechtweisung vom Vorgesetzten meiner Mutter, der es überhaupt nicht witzig fand, dass ich die Bonbons aufaß, die für seine Kunden bestimmt waren. Diese kleine Anekdote aber nur am Rande.

Böse Zungen hätten meine Familie damals wahrscheinlich als spießbürgerlich tituliert. Ich möchte es mal positiver formulieren und uns zusammenfassend als gutbürgerliche Familie bezeichnen.

Die besagte Beinahekatastrophe ereignete sich um die Weihnachtszeit. Meiner Mutter ging es nicht gut, sie lag eine ungewöhnlich lange Zeit flach und wollte irgendwie nicht wieder auf die Beine kommen. Dieser Zustand zog sich dann bis ins neue Jahr hin. Mein Großvater hat dann meine Mutter im Januar zum Arzt gefahren. Meine Schwester und ich waren an diesem Tag bei meinen Großeltern untergekommen, die im selben Dorf lebten wie meine Eltern. Schließlich kam mein Großvater wieder vom Arzt zurück – allein. Er erzählte meiner Oma, dass meine Mutter mit Blaulicht ins Krankenhaus gefahren wurde. Mir war als Kind seinerzeit schon bewusst, dass es sich hierbei um eine sehr ernste Situation handelte, jedoch wischte ich diese Gedanken damals irgendwie weg, ich verdrängte sie einfach. Blaulicht ist zwar generell gefährlich, jedoch war es in unserem Fall bestimmt nicht so gefährlich.

Meine Mutter blieb im Krankenhaus, die Diagnosen der Ärzte, die ich aus den Mündern meiner Großeltern und meines Vaters aufschnappte, waren für mich nichtssagend und unverständlich. Während dieser Zeit wurden meine Schwester und ich bei unseren Großeltern einquartiert. Und dann kam einer der schwärzesten Tage in meinem Leben. Es war früher Abend und das Telefon meiner Großeltern klingelte. Ich stürmte sofort hin, weil ich ahnte, dass mein Vater am anderen Ende der Leitung sein würde, der gerade vom Krankenhaus kam. Ich nahm den Hörer ab und meldete mich, es war tatsächlich mein Vater! Und nun kam es zu einem sehr kurzen Dialog zwischen ihm und mir, den ich wohl nie wieder in meinem Leben vergessen werde. „Und? Wie geht es Mama?", fragte ich. Doch statt einer Antwort bekam ich von meinem Vater nur ein sehr langgezogenes „ähm" zu hören. Das war sicherlich einer der schrecklichsten Momente in meinem Leben, denn ich wusste instinktiv, dass hier mächtig was nicht stimmen würde. Ich übergab den Telefonhörer an meine Großmutter. Nachdem meine Oma den Hörer aufgelegt und meinem Opa Bericht erstattet hatte, saßen beide im Wohnzimmer und wollten nicht aufhören zu weinen. Ich habe seinerzeit nicht geweint, denn ich war in diesem Augenblick ziemlich verstört und als Kind mit dieser Situation hoffnungslos überfordert: Meiner Mutter ging es sehr, sehr schlecht. Diese Umschreibung ist eigentlich immer noch ein Euphemismus, denn meine Mutter war laut Aussagen der behandelnden Ärzte bereits klinisch tot. Schlaganfall, Lungenembolie, Blutgerinnsel. Das sind die drei schlimmen Wörter, die mir noch im Gedächtnis geblieben sind. Ich wusste nicht, was das genau war, ich erahnte aber sehr wohl, dass das ziemlich schlimm sein musste. So sagte ich schon fast trotzig meinen heulenden Großeltern ins Gesicht: „Meine Mama wird wieder gesund!" Wahrscheinlich habe ich damals in den vielen Tränen von Oma und Opa vor allem das Eine gelesen: Verzweiflung bzw. Hoffnungslosigkeit. Und Hoffnungslosigkeit durfte in meinen Augen gar nicht sein, denn das würde ja bedeuten, dass ich nunmehr ohne Mutter aufwachsen würde. Aus diesem Grund auch die Aussage „Meine Mutter wird wieder gesund!".

Wie ernst es um meine Mutter stand sollte ich kurze Zeit später mitbekommen. Die Ärzte, die meine Mutter in ihrer Obhut hatten, sagten zu meinem Vater: „Wissen sie, die Klamotten ihrer Frau können sie mitnehmen, das wird nichts mehr!" (Zum besseren Verständnis möchte ich hier einfügen, dass wir seinerzeit die späten 1970er Jahre schrieben, womit sich der etwas unsensible Umgangston erklären lässt). Mein Vater antwortete zum Trotz: „Und die Sachen meiner Frau bleiben hier!" Im Nachhinein fällt mir auf, dass er damals genauso reagiert hatte wie ich.

Während dieser Zeit haben wir ziemlich viel Trost und Beistand von unserer Kirche erfahren (wir gehörten und gehören einer freikirchlichen Gemeinschaft an). Das Schicksal meiner Mutter wurde damals an einen „Kirchenoberen" herangetragen, der „nur" sagte: „Die Kinder brauchen ihre Mutter!". An diese Aussage haben wir uns alle geklammert und schließlich sollte es meiner Mutter auch bald besser gehen. Es wäre sicherlich ein wenig mystifizierend, wenn ich an dieser Stelle vom großen Wunder sprechen würde, das der Allmächtige hier getan hat, denn was folgte war nämlich keine schnelle und wundersame Heilung, sondern vielmehr ein langwieriger und kleinschrittiger Genesungsprozess. Gleichwohl möchte ich hier einfügen, dass dieses Erlebnis für mich ganz persönlich ein Wunder war, das Gott für uns getan hat.

Wie gesagt, es folgte ein recht langer Genesungsprozess: Nach der Intensivstation kam die Verlegung auf die Normalstation und nach dem Krankenhaus folgte die Reha. Insgesamt war meine Mutter über ein halbes Jahr nicht zu Hause. Sie wurde auch keineswegs gesund aus der Reha entlassen, sondern vielmehr als wieder selbstständig lebensfähig. Der Schlaganfall hatte nämlich bei meiner Mutter recht deutlich Spuren hinterlassen, die sich in einer linksseitigen Lähmung äußerten. Seit diesem Zeitpunkt zog meine Mutter ihr linkes Bein nach, das heißt sie bewegte es mehr aus der Hüfte heraus. Im linken Arm fehlte nunmehr die Feinmotorik. Meine Mutter hielt diesen Arm immer leicht angewinkelt und konnte ihn beispielsweise zum Heben leichter Sachen durchaus verwenden, jedoch konnte sie die Finger ihres linken Arms nur sehr, sehr eingeschränkt bewegen. Im Gesicht hingegen war die halbseitige Lähmung fast gar nicht zu erkennen. Nur in einigen Situationen hing die linke Mundpartie ein wenig nach unten, was aber kaum zu bemerken war. Im Zeitablauf verbesserte sich der beschriebene Zustand meiner Mutter. Er verbesserte sich zwar nur leicht, aber er verbesserte sich! So wurde meine Mutter beispielsweise mit einer Krücke (oder politisch korrekter formuliert: mit einer Gehhilfe) aus dem Krankenhaus entlassen, bald ging sie dann „nur" noch am Stock und nach einiger Zeit konnte sie komplett auf jede Unterstützung verzichten.

Vordergründig könnte man hier eine kurze, gedankliche Zäsur ziehen und sagen: „Glück gehabt – ist ja noch einmal glimpflich ausgegangen!" oder ein wenig christlicher formuliert: „Na, da war euch der liebe Gott aber ganz, ganz nahe!" Beiden Aussagen kann ich durchaus zustimmen, denn meine Familie war ja schließlich wieder vereint. Jedoch muss ich auch eine kleine Einschränkung vornehmen. Wie war das wohl während dieser Zeit für meine Mutter? Was mag sie gefühlt haben? Hat sie sich wohl ausschließlich über ihre Rückkehr ins Leben gefreut oder waren da vielleicht auch Misstöne?

Ich kann nun nicht mehr für meine Mutter sprechen, denn ich weiß ja schließlich nicht, was sie damals empfunden hat. Trotz aller Freude über das zweite Leben schwebte nun eine unverrückbare Tatsache wie ein Damoklesschwert über dem Haupt meiner Mutter: Du hast diese Wohnung als gesunder Mensch verlassen und kehrst als Krüppel wieder Heim. Mag sein, dass sich dein Zustand ein wenig bessern wird, es wird jedoch niemals mehr so werden wie vorher. Und nur der Vollständigkeit halber: Deinen erlernten Beruf wirst du auch nicht mehr ausüben können, ab jetzt bist du (Früh-)Rentnerin!

Es ist im Nachhinein für mich auch nur sehr schwer nachvollziehbar, dass meiner Mutter seinerzeit keinerlei psychotherapeutische Hilfe angeboten wurde. Es gab im übertragenen Sinne lediglich von den behandelnden Ärzten den wohlmeinenden Klaps auf den Hintern und die Entlassungspapiere – mehr nicht! Es wäre sicherlich sehr vermessen von mir zu behaupten, dass alles mit der entsprechenden psychotherapeutischen Unterstützung anders gelaufen wäre. Konkret gesprochen: Wir hätten dann kein Alkoholproblem in unsere Familie gehabt. Jedoch empfinde ich es als sehr verwunderlich, dass so eine Option damals gar nicht zur Disposition stand. Relativierend muss ich dazu einwenden, dass vornehmlich bei meinem Vater seinerzeit Psychotherapeuten mit Irrenärzten gleichgesetzt wurden (Man geht nicht zum Psychologen weil man ein Problem hat, sondern weil man zum Psychologen geht, hat man ein Problem). Es ist

sicherlich müßig, weiter darüber zu philosophieren und Mutmaßungen anzustellen, die mit „Was wäre eigentlich geschehen,
wenn…" beginnen, denn der Zustand war damals nun einmal
so, wie ich ihn beschrieben habe.

Gleichwohl frage ich mich auch noch heute sehr oft: „Wie
würde ich mich wohl verhalten, wenn mich so ein Schicksal
(Gott bewahre) ereilen würde?" Auch diese Antworten sind ja
nur hypothetisch. Ich glaube aber nicht, dass ich frank und frei
behaupten kann, dass ich in so einem Fall das Beste aus meinem
Schicksal machen würde. Vielleicht würde ich ja auch sagen,
dass mit dem einen oder anderen „Seelentröster" die graue Welt
viel rosiger aussieht…wer weiß.

*Eine mögliche Ursache für den Einstieg in eine Trinkerkar-
riere bzw. für unverhältnismäßig hohen Alkoholkonsum ist
Stress. Aus diesem Grund ist es auch interessant, das Thema
Stress ein wenig näher zu beleuchten. Im Regelfall wird Stress
mit „Hektik", „keine Zeit" oder auch „Angst" umschrieben.
Dabei muss Stress per se nicht negativ sein. Stress ist ein not-
wendiger Begleiter unseres Lebens, ohne ihn wären wir Menschen gar nicht in der Lage zu existieren. Somit lässt sich zwischen positivem, anregendem Stress (Eustress) und negativem,
d.h. zerstörendem Stress (Distress), unterscheiden.*

*Stress ist ein durchaus sinnstiftender Restant unserer Evolu-
tion, denn Stress kann auch als eine Art innerer Verteidigungs-
mechanismus umschrieben werden, der bei Gefahr in Sekun-
denschnelle sämtliche Energiereserven mobilisiert. In Stresssituationen wird unser Pulsschlag beschleunigt, der Blutdruck
steigt, die Blutzirkulation wird verbessert, Fettreserven und
Zucker werden mobilisiert und der Blutgerinnungsfaktor wird
erhöht. Unser Körper wird in Alarmzustand versetzt und auf
„flight or fight" (Flucht oder Angriff) programmiert. Dieses
Programm mag im Tierleben durchaus lebensrettend sein und
hat vielleicht auch manch einem (Ur-)Ahnen von uns vor dem
Tod bewahrt.*

Heute hingegen leben wir in einer zivilisierten Welt. Eben diese zivile Welt ist für unser evolutorisches Abwehrprogramm mehr Fluch denn Segen: Heutzutage sind wir in der sogenannten aufgeklärten Welt mit einer Vielzahl von Auflagen und Umweltbedingungen ausgesetzt, die unsere instinktiven Impulse gewissermaßen unterdrücken. Vereinfacht gesagt: Nicht immer, wenn uns danach zu Mute ist, den Angriff zu starten, können wir eben dies auch tun. Wir stehen also vor einem echten Dilemma. Auf der einen Seiten schleppen wir die Produkte unserer Evolution immer noch mit, auf der anderen Seite wurden die klassischen Abwehrreaktionen „wegkultiviert". Somit müssen wir Menschen uns andere Ventile suchen. Es darf vermutet werden, dass dem Alkohol hier eine entscheidende Bedeutung zukommt, denn schon der Volksmund spricht ja von der „Flucht in den Alkohol".

Es ist an dieser Stelle vielleicht nur ein ganz vager Ansatz, ein Erklärungsversuch. Ich denke jedoch, dass es durchaus möglich ist, dass diese neue und schreckliche Situation für meine Mutter eine Art Dauerstresssituation darstellte. Das, was ihr früher leicht von der Hand ging, fällt ihr heute sehr schwer. Das, was früher für sie selbstverständlich war, ist heute für sie eine echte Herausforderung.

Eine landläufige Plattitüde von uns Männern ist, dass man sich die eine oder andere Frau erst schön trinken muss. Analog zu meiner Mutter möchte ich die Mutmaßung anstellen, dass sie sich vielleicht die Welt schlicht und ergreifend ein wenig schöner getrunken hat.

Einschränkend möchte ich an dieser Stelle anfügen, dass ich jedoch der Meinung bin, dass der wahre Grund für ihren Alkoholkonsum viel, viel tiefer liegt. Dazu an andere Stelle mehr. Überdies glaube ich, dass es selten *die* Ursache gibt. Ich denke, dass es vielmehr ein Ursachenbündel gibt, bei dem die einzelnen Fragmente mehr oder weniger stark ausgeprägt sind. Diese Ursachenbündel können dann eine halbwegs befriedigende Antwort für die eine oder andere menschliche Reaktion geben.

Ich möchte aber deutlich hervorheben, dass es sich hierbei um meine ureigenste Meinung handelt und nicht um eine wissenschaftlich verifizierte These.

Ich möchte aber deutlich hervorheben, dass es sich hierbei um meine ureigenste Meinung handelt und nicht um eine wissenschaftlich verifizierte These.

Kapitel 2: Der erste Kontakt

Meine erste unfreiwillige Begegnung mit dem Alkoholismus meiner Mutter liegt schon ziemlich weit zurück. Ich muss damals im Grundschulalter gewesen sein, das heißt ich besuchte die erste oder zweite Schulklasse.

Ich verbrachte während jener Tage die Samstage sehr häufig bei meinen Großeltern. Am frühen Abend kamen dann meine Eltern, wir aßen etwas zusammen, die „Erwachsenen" unterhielten sich und schauten ein wenig in die Glotze. Danach sind dann meine Eltern und ich nach Hause gefahren. Meine Eltern und meine Großeltern wohnten ungefähr 3 Kilometer Luftlinie voneinander entfernt. Dann kam schließlich jener Samstag, der sich in mein kleines Hirn brannte.

Gegen frühen Abend klingelte es an der Tür meiner Großeltern, es kam mein Vater ohne meine Mutter. Ich empfand diese Situation damals wenig beunruhigend, denn bis auf die Tatsache, dass meine Mutter nicht mitgekommen war, war alles wie üblich. Mein Vater unterhielt sich mit meiner Oma und meinem Opa, also seinen Eltern. Es gab Abendbrot und danach fuhren mein Vater und ich nach Hause. Alles wie gehabt, nur dass meine Mutter nicht dabei war. Als wir aus dem Auto ausstiegen stellte mir mein Vater eine ziemlich seltsame Frage: „Weißt du, ob Mama heute bei Regina drüben war und sie dort etwas getrunken haben?" (Anm.: Regina war unsere unmittelbare Nachbarin, den Namen habe ich selbstverständlich geändert). Trotz meiner jungen Lebensjahre wurde mir in diesem Augenblick ziemlich flau im Magen, denn ich erahnte, dass hier ganz gewaltig was nicht stimmen würde. Wie im letzten Kapitel kurz skizziert, haben wir Menschen in Stresssituationen zwei Handlungsoptionen, nämlich Flucht oder Angriff. Diese Situation stellte für mich damals Stress pur dar, weil es für mich ein Moment war, der viel zu viele Unbekannte für meinen kleinen Kopf hatte. Ich kann mich erstaunlicherweise noch recht genau an meine Reaktion auf die Frage meines Vaters erinnern und die

Gedanken, die ich mir aufgrund dieser Frage gemacht hatte. Ich wählte die erste Alternative, das heißt Flucht. Oder um es noch deutlicher zu formulieren: Flucht vor der bitteren Wahrheit. Ich verneinte die Frage meines Vaters – wahrheitsgemäß. Und weil mir die Situation nicht ganz geheuer war, dachte ich mir: „Naja, es ist ja allgemein bekannt, dass Mama nach einem Glas Schnaps betrunken ist!"

Rückblickend muss sich mich über diesen Gedanken ziemlich wundern, denn ich habe keine Ahnung, woher ich die Idee hatte, dass meine Mutter bereits nach einem Glas Schnaps betrunken sein sollte. Jedoch hatte ich durch diese einfache Erklärung für mich eine Begründung gefunden, dass eine offensichtlich schlimme Situation gar nicht so schlimme Ursachen hatte. Betrunken zu sein, das ist zwar schlimm, jedoch ist *ein* Glas Schnaps nicht so schlimm. Die perfekte Verharmlosung und vielleicht sogar die noch perfektere Flucht vor der Realität. Diese Eigenschaft sollte mich auch noch im fortgeschrittenen Alter begleiten.

Als wir die Wohnungstür aufschlossen lag meine Mutter sternhagelvoll im Schlafzimmer. Dieser Anblick blieb mir zwar seinerzeit erspart, jedoch kann ich mich noch sehr gut daran erinnern, dass mein Vater hinter verschlossenen Türen „den Hammer kreisen ließ" – da nützten selbst die verschlossenen Türen nichts mehr. Ich erinnere mich zwar nicht mehr an den genauen Wortlaut ihrer Auseinandersetzung, ich erinnere mich jedoch noch sehr gut daran, dass meine Mutter irgendwie anders sprach…so komisch…bringen wir es auf den Punkt, meine Mutter redete mit extrem schwerer Zunge, sie lallte! Schon kurze Zeit später sollte ich mit eigenen Augen sehen, dass meine Mutter mehr als ein Glas Schnaps trank, ich habe sie betrunken und sogar sturzbetrunken erlebt und merkte sehr schnell, dass *ein* Glas Schnaps so etwas nicht anrichten kann.

An dieser Stelle ich möchte ich gleich noch eine zweite, ebenfalls sehr unangenehme, Konfrontation mit dem „König

Alkohol" aus meiner frühen Kindheit schildern. Hier muss ich vorab anführen, dass es für Kinder in den späten 1970er-Jahren relativ problemlos möglich war, Alkohol im Supermarkt zu erwerben. Wobei es sich auch häufig weniger um Supermärkte handelte, sondern vielmehr um aufgemotzte Tante-Emma-Läden.

In unmittelbarer Nähe meiner Eltern befand sich so ein aufgemotzter Tante-Emma-Laden und meine Mutter beauftragte mich eines Tages, eine Flasche Martini für sie zu kaufen. An dieser Stelle möchte ich mal kurze innehalten und aus heutiger Sicht eine sehr emotionale Frage stellen, die ich gleich an alle aktiven Alkoholiker richten will: „Wie tief kann jemand sinken, wie wenig Selbstachtung muss ein Mensch eigentlich haben, wenn er sich nicht davor scheut, die eigenen Kinder loszuschicken, um Alkohol, das heißt Nachschub, für sich selbst kaufen zu lassen? Selbst saufen scheint kein Problem zu sein, selbst kaufen hingegen schon!" Ich habe bereits in den ersten Kapiteln erwähnt, dass ich hier kein Blatt vor den Mund nehmen und meine Emotionen ungeschminkt zu Papier bringen werde. Somit kann ich aus heutiger Sicht sagen, dass ich für die eben geschilderte Situation nichts weiter als Ekel und Abscheu empfinde. Und ich kann mich immer noch nicht damit anfreunden, dass ich damals zu einem kleinen, doofen, willigen Alkohollieferanten gemacht wurde!

Doch zurück zum Geschehen: Widerwillig nahm ich das Geld für den Martini von meiner Mutter entgegen und stiefelte los. Ich wusste, dass das hier ziemlich blöd und falsch war. Komischerweise fühlte ich mich damals nicht als jemand, der für etwas missbraucht wird, sondern vielmehr als Rädchen in einer großen Maschinerie. Und dieses Rädchen hatte vor alledem das Eine, wenn es nicht mehr funktionierte: Es hatte Schuld! Mit eben diesem seltsamen Gefühl betrat ich den Supermarkt und inspizierte oberflächlich das Regal mit den Spirituosen. Hier kam mir eine grandiose Idee: Ich wollte einfach keinen Martini finden und was nicht dort ist, kann auch nicht mitgebracht werden. Heute sage ich mir, dass ich mich wieder für die Option „Flucht" entschieden habe, ich flüchtete in eine Scheinwelt, die aus Halbwahrheiten und Lügen bestand. Eine ehrliche Reaktion wäre die direkte Konfrontation gewesen: „Warum soll ich Alkohol für dich kaufen? Und warum soll all dies so konspirativ stattfinden?"…das wäre sicherlich eine richtige Reaktion gewesen, es gab seinerzeit nur ein winziges Problem: Ich war gerade mal 9 Jahre alt!

Zur damaligen Zeit wählte ich jedoch die Fluchtvariante und entschied mich, mit leeren Händen zu meiner Mutter zurückzukehren. „Die hatten da kein Martini mehr!", rief ich meiner Mutter entgegen als ich die Wohnung betrat. Jedoch entgegnete meine Mutter nur: „Das kann doch gar nicht sein! Geh nochmal hin!" Was sollte ich dagegen denn einwenden? Selbstverständlich ging ich nochmal zum Supermarkt. Es war eine ganz seltsame, eine ganz groteske Situation. Um es nochmal zu verdeutlichen: Ich wusste, dass ich hier in etwas reingezogen wurde, was überhaupt nicht gut war. Dies stellte ich jedoch hintenan gegenüber dem Auftrag eines großen und sehr vertrauten Mensch („Geh nochmal hin!"). Ich war mitten in einem Spiel, in dem ich nichts weiter als eine Spielfigur war. Nicht ich entschied, wohin ich gehe, sondern jemand anders. In diesem Fall war es meine Mutter, die die Züge der Spielfigur diktierte. Etwas relativierend muss ich es so formulieren: Es war der Alkohol, der bestimmte, wer, wann, welchen Zug tat!

Es kam wie es kommen musste. Ich kam mit einer Flasche Martini wieder zurück. Damit ist diese Begebenheit jedoch nicht beendet, denn es kommt noch eine Pointe. Als ich meiner Mutter die Flasche Martini gab sagte sie mir: „Aber erzähle nichts Papa davon! Das soll nämlich eine Überraschung sein!" Wie bereits erwähnt, ich war damals keine 10 Jahre alt, jedoch erinnere ich mich sehr gut daran, dass ich mich in diesem Augenblick schlicht und ergreifend von meiner eigenen Mutter verarscht fühlte. Ich wusste ganz genau, dass es hier nicht um eine Überraschung ging, sondern vielmehr um Vertuschung aus niederen Beweggründen. Sichtbare Reaktionen habe ich auf diese Äußerung nicht gezeigt, ich habe nur geschwiegen oder um es drastischer zu formulieren: Ich habe das Spiel mitgespielt. Vielleicht habe ich zu dieser Zeit instinktiv gespürt, dass der dämliche Alkohol dafür verantwortlich sein kann, dass meine Familie auseinanderbricht. Und der Trugschluss war: Sie wird auseinanderbrechen, wenn der Alkohol dahin kommt, wohin er hin gehört, nämlich auf den Tisch. Aus diesem Grund habe ich den Alkohol (im übertragenen Sinn gesprochen) hinter verschlossenen Türen verwahrt. Was nicht sein darf, das ist auch nicht! So einfach ist das. Ich habe schon damals die Ursache für ein riesengroßes Problem gesehen, ich habe jedoch das Problem nicht direkt angesprochen, sondern ich habe ein blickdichtes Tuch darüber gelegt. Für nicht Betroffene ist dies wahrscheinlich nur sehr schwer bzw. gar nicht nachzuvollziehen. Ich kann jedoch schon an dieser Stelle sagen, dass die nachfolgenden Kapitel noch eine Steigerung beinhalten werden.

Mag sein, dass ich wegen der drohenden Gefahr, dass meine Familie auseinanderbricht, wieder die Option Flucht gewählt habe. Es ist jedoch erstaunlich, dass ich mir diese Verhaltensweise auch für andere Situationen regelrecht antrainiert habe. Noch heute bemerke ich leidvoll, wie gern ich die Option Flucht wähle. Ich muss jedoch einschränkend sagen, dass ich mich heute über jeden misslungenen Fluchtversuch von mir freue.

Alkoholismus ist nicht nur eine Krankheit, Alkoholismus ist vielmehr ein soziales Asthma. Alkoholismus bewegt nicht nur den direkt Betroffenen, also den Alkoholiker, zu Verhaltensweisen die er (wahrscheinlich und hoffentlich) irgendwann bitter bereut. Alkoholismus greift wie ein Krake auf das soziale Umfeld des Alkoholikers. Das soziale Umfeld des Alkoholikers wird durch den hochprozentigen Mist in einer Art und Weise konditioniert, die für den weiteren Lebensweg nicht unbedingt förderlich ist!

Kapitel 3: Der klappernde Schrank

Wenn ich meine frühe Kindheit rückblickend betrachte, dann fällt mir noch ein weiteres Erlebnis ein, das belegt wie unverhohlen meine Mutter ihren Alkoholkonsum vor uns Kindern auslebte. Mag sein, dass sie den Gedanken hegte: „Es sind ja nur kleine Kinder, die werden schon nichts merken!"…weit gefehlt! Auch an dieser Stelle noch ein Hinweis an alle Alkoholiker. Hütet euch tunlichst vor dem Gedanken, dass kleine Menschen in eurem Umfeld nichts bzw. nicht so viel mitbekommen, weil es ja eben „nur" kleine Menschen sind. Die kleinen Menschen bekommen nämlich wesentlich mehr mit als euch lieb ist! Und wenn sich diese kleinen Menschen in Schweigen hüllen oder schlicht und ergreifend so handeln, wie ihr Alkoholiker es euch wünscht, dann liegt die Ursache nicht darin, dass diese kleinen Menschen blöd sind. Die Ursache liegt vielmehr darin, dass diese kleinen Menschen eine Heidenangst davor haben, dass das eh schon ziemlich wackelige System „Familie" durch eine Rebellion ihrerseits komplett auseinanderbricht. Ich kann dies persönlich für mich bestätigen, ich habe mich beim Niederschreiben der Kapitel dieses Buchs selbst erschrocken, welche „Alkohol-Erinnerungen" mir aus früher Kindheit noch absolut präsent vor Augen sind. Ich erschrecke mich ebenfalls, wenn ich beim Aufschreiben dieser Begebenheiten merke, was diese heute noch bei mir alles auslösen. Ich weiß, dass es absolute Polemik ist, aber wenn ich an meine Kindheit denke, dann bin ich geneigt, allen Alkoholikern zuzurufen: „Sauft meinetwegen weiter – es ist schließlich euer Körper, den ihr systematisch zugrunde richtet. Habt aber gefälligst immer vor Augen, dass ihr euer Umfeld ebenfalls zugrunde richtet!"

Nachdem ich aus der Schule kam, haben meine Schwester, die damals noch nicht zur Schule ging, meine Mutter und ich gemeinsam Mittag gegessen. Dieses Mittagessen war jedoch ein wenig ungewöhnlich, da meine Mutter regelmäßig und in kurzen Abständen aufstand, ins Wohnzimmer ging und dann wiederkam. Dies empfand ich schon ziemlich irritierend, denn warum steht jemand alle paar Minuten auf, verlässt den Raum, um dann wiederzukommen? Weitaus irritierender fand ich jedoch das metallische Klacken irgendeiner Wohnzimmerschranktür. Meine Mutter steht auf, geht von der Küche ins Wohnzimmer, Klack – Tür auf, Klack – Tür zu, meine Mutter kommt wieder in die Küche zurück. 2 Minuten später vollzog sich dasselbe Spiel.

Als meine Mutter zum wiederholten Male in Richtung Wohnzimmer ging erhob ich mich leise vom Küchentisch und linste heimlich von der Küche in Richtung Wohnzimmer. Dort sah ich, dass das Klacken vom Barfach kam. Meine Mutter stand vor dem Barfach, schenkte sich etwas ein (dies konnte ich nur vermuten, weil sie mit dem Rücken zu mir stand) trank und schüttelte sich komisch. Es war das typische Schütteln, wenn man ein Glas Schnaps getrunken hat. Ich muss dazu sagen, dass meine Mutter dazu tendierte, dieses Schütteln ein wenig zu überzeichnen.

Bevor meine Mutter wieder in die Küche zurückkam, setzte ich mich wieder schnell an meinen Platz und wollte so tun als wäre nichts gewesen. Als sie dann die Küche betrat und sich setzte nahm, fing ich an zu heulen. „Warum weinst du denn?", fragte mich meine Mutter. Ich druckste ein wenig herum und antwortete: „…weil du immer da an den Schrank gehst!". Daraufhin ging meiner Mutter wieder ans Barfach zurück und präsentierte mir das vermeidliche corpus delicti mit den Worten: „Da ist gar kein Alkohol drin, ich weiß auch gar nicht, weshalb diese Flasche überhaupt in dem Barfach steht!"

Nun stand die fragliche Flasche also für alle gut sichtbar in der Küche. Ich kann mich noch sehr gut daran erinnern, dass ich das Etikett dieser Flasche akribisch untersuchte. Ich war zwar klein, aber ich war nicht blöd. Aus diesem Grund wusste ich, dass auf den Etiketten alkoholhaltiger Getränke irgendwo ein Hinweis zum Promillegehalt zu finden war. So sehr ich jedoch auch suchte, ich fand keine Angaben zum Alkoholgehalt. Eigentlich hätte mich dies ja beruhigen müssen, dennoch wollte ich mich zu diesem Zeitpunkt nicht entspannen. Es gab immer noch zu viele Ungereimtheiten, viel zu viele offene Fragen.

Weshalb hatte meine Mutter nicht von vornherein diese Flasche auf den Küchentisch gestellt und davon getrunken, wenn da kein Alkohol drin war?

Warum rührte meine Mutter die Flasche nicht mehr an, als sie nun in der Küche stand?

Warum hat meine Mutter sich immer so komisch geschüttelt, als sie von dem „alkoholfreien" Zeug getrunken hatte?

Bringen wir es doch mal aus der heutigen Sicht auf den Punkt: Meine Mutter hat mich damals mit offenen Visier angelogen! Sie bzw. der Alkohol dachten sich, dass man einem kleinen Menschen so richtig einen vom Pferd erzählen kann.

Als ich mir die Notizen zu diesem Kapitel anfertigte befand ich mich auf einer Dienstreise. Ich saß mit meinem Kugelschreiber und meinem Notizblock an der Hotelbar und habe zwei alkoholfreie Hefeweizen beim Schreiben getrunken. Die sind übrigens auch ganz lecker! Und ich genieße auch drüber hinaus gern im Sommer eiskaltes Mineralwasser oder eine Apfelsaftschorle. Dabei komme ich dann häufig zu der ganz banalen Erkenntnis: „Das schmeckt nicht nur gut, sondern so geht es offensichtlich auch!"

Alkoholismus wurde und wird auch heutzutage immer noch als Charakterschwäche bzw. als ein typisches Problem niederer Schichten angesehen. Somit wurden und werden am Stammtisch gleich zwei Probleme mit einer Klappe geschlagen: Alkoholprobleme haben grundsätzlich die anderen und die anderen, die die Alkoholprobleme haben, sind sowieso asozial. Ich möchte hier meine Großmutter anführen, die in Bezug auf Alkoholkonsum gern sagte: „Probleme und Stress sind keine Begründung für Trinkerei, wir haben schließlich den Krieg miterlebt und sind deshalb auch keine Alkoholiker geworden!" Diese populäre Äußerung mag vordergründig gar nicht so abwegig sein, jedoch bei genauerer Betrachtung ist die Krux im Menschen selbst begründet. Wir sind alle Individuen, die unterschiedliche Bedürfnisse, unterschiedliche Motive und unterschiedliche Verhaltensdispositionen haben. Somit reagieren wir Menschen auch höchst unterschiedlich auf Stress. Hier gibt es jemand, der auf höchst unangenehme Ereignisse mit stoischer Ruhe reagiert und dort gibt es wiederum jemanden, den dieselben Ereignisse zusammenbrechen lassen. Formulieren wir es mal ein wenig plastischer: Wenn wir Menschen alle ähnlich gepolt wären, dann müssten entweder alle Kriegsheimkehrer traumatische Erinnerungen haben oder keiner!

Trotz dieser immer noch weit verbreiteten Stammtischweisheiten erkannte der englische Arzt Thomas Trotter vor bereits 200 Jahren die Trunksucht als Krankheit an. Die endgültige Anerkennung als Krankheit gelang jedoch erst in der neueren Zeit durch den Biometriker Elwin Jellinek. Jellinek beobachtete bei den Alkoholkranken entweder eine Unfähigkeit zur Alkoholabstinenz bzw. einen Kontrollverlust, das heißt, dass das eigene Trinkverhalten nicht mehr kontrolliert werden kann. Hierzulande wurde der Krankheitsstatus von Alkoholikern durch ein Urteil des Bundessozialgerichts im Jahre 1968 manifestiert.

Die Weltgesundheitsorganisation (WHO) definierte 1952 den Begriff Alkoholismus wie folgt: „Alkoholiker sind exzessive Trinker deren Abhängigkeit vom Alkohol einen solchen Grad erreicht, dass sie deutliche geistige Störungen oder Konflikte in ihrer körperlichen und geistigen Gesundheit, ihren mitmenschlichen Beziehungen, ihren sozialen und wirtschaftlichen Funktionen aufweisen, oder sie zeigen Vorstadien einer solchen Entwicklung. Daher brauchen sie Behandlung."

Abschließend bleibt anzumerken, dass genesene, das heißt trockene, Alkoholiker für den Rest ihres Lebens gefährdet bleiben, wieder in alte Verhaltensmuster zu verfallen. Dies liegt darin begründet, dass das Gehirn einen Suchtspeicher hat. Dieser wird beim erneuten Trinken kleinerer Alkoholmengen wie-

der stimuliert, so dass das alte Trinkverhalten sofort wieder aktiviert wird.

der stimuliert, so dass das alte Trinkverhalten sofort wieder aktiviert wird.

Kapitel 4: Meine kleine Schwester

Meine Schwester ist sechs Jahre jünger als ich. Meine Erinnerungen an den Alkoholismus meiner Mutter haben mit meiner frühen Kindheit begonnen. Konkret spreche ich hier von meinen ersten acht bis zehn Lebensjahren. Ich befand mich also im Grundschulalter und meine Schwester im Kindergartenalter bzw. noch davor. Ich möchte diese Tatsache an dieser Stelle deshalb verdeutlichen, weil meine kleine Schwester auch alles mitbekommen hat. Auch sie war „als kleiner Zwerg" voll und ganz im Bilde, was das Trinkverhalten meiner Mutter anbelangt. Bevor ich zwei kurze Begebenheiten wiedergeben möchte, die meine Schwester in den Blickpunkt des Interesses stellen, will ich diesem Zusammenhang noch etwas Relevantes erwähnen.

Sowohl meiner Schwester als auch ich haben den Alkoholismus meiner Mutter sehr früh und sehr plastisch wahrgenommen. Bezeichnenderweise konnten wir, meine Schwester und ich, erst zwei Jahrzehnte später über den Alkoholismus meiner Mutter miteinander sprechen. Es wird hier abermals deutlich, dass der Alkohol es auch hier wieder sehr lange geschafft hat, unbedarften Dritten seinen Weg aufzuoktroyieren. Seine teuflische Hand hat uns beide mit mahnendem Zeigefinger zu einem imaginären Schweigegelübde angewiesen. Dieses Schweigegelübde hielten meine Schwester und ich auch zwei Jahrzehnte brav ein und entwickelten uns somit zu gehorsamen Co-Alkoholikern oder besser formuliert: Wir degenerierten zu gehorsamen Co-Alkoholikern.

Wie bereits erwähnt, es ist schon eine ganze Weile her. Meine Schwester war zum beschriebenen Zeitpunkt vielleicht 4 oder 5 Jahre alt. Meine Mutter saß eines Nachmittags auf ihrem Heimtrainer, der im Schlafzimmer stand. Ich befand mich in meinem Kinderzimmer, konnte aber aufgrund offener Türen sehr gut hören, was meine Schwester damals zu meiner Mutter sagte, nämlich: „Mama, du darfst auch nicht so viel trinken!"

Ich kann mich noch heute sehr plastisch an diese Situation bzw. an jedes Wort dieses großen Appells erinnern, der aus einem sehr kleinen Mund kam. Meine Mutter reagierte jedenfalls damals so, wie alle Alkoholiker, die meilenweit von der Einsicht entfernt sind: „Ich trinke doch gar nicht!". Mit dieser kurzen und knappen Entgegnung war das Thema auch vom Tisch. Im Nachhinein interessiert es mich schon, ob meine Mutter zu diesem Zeitpunkt diese Aussage mehr als Ausflucht ansah oder ob sie schon damals die Realität vollends verdrängt hatte und diese Aussage selbst für bare Münze genommen hat.

In diesem Tenor möchte ich von einer zweiten Begebenheit berichten, die meine Schwester und meine Mutter betraf. Dazu muss ich jedoch das Pferd von hinten aufzäumen und die eigentliche Pointe der Geschichte an den Anfang setzen. Meiner Oma wurde lange Zeit von meiner Familie angekreidet, dass sie eines Tages mit meiner kleinen Schwester durch die Schnapsregale des Supermarkts ging und meine Schwester dazu aufforderte, auf die Schnapsflaschen zu zeigen, die meine Mutter immer trinkt. Auch hier waren die Rollen schnell verteilt: Mein Vater übernahm die Rolle des Chefanklägers in der Sache „Familie gegen Oma" und meine Schwester und ich übten uns in tiefer Betroffenheit. Was hat die Oma bloß geritten, dass sie eine derartig moralisch verwerfliche Aktion gestartet hat? Und dann noch mit einem kleinen, hilflosen Kind! Üble Nachrede und üble Verleumdung standen auf einmal im Raum. Nur zur Erinnerung: Trotz aller alkoholischen Ausfälle meiner Mutter, die wir alle mitbekommen haben, war der Alkohol in offizieller Lesart ja kein Thema in unserer Familie. Oder besser formuliert: Alkohol durfte einfach kein Thema bei uns sein. Auch ich habe dieser Legende lange Zeit Glauben geschenkt. Auch ich schlug mich auf die Seite meines Vaters und meiner Mutter und übte mich brav im fassungslosen Kopfschütteln, was das Verhalten meiner Oma betraf.

Wir hatten somit alle für einen ausgeblendeten Missstand einen scheinbaren Schuldigen gefunden. Oma war nun die etwas zickige Unruhestifterin, die höchstwahrscheinlich in Wahrheit ein fundamentales Problem mit ihrer Schwiegertochter hatte und deshalb diese „schräge" Supermarktaktion mit meiner Schwester gestartet hatte. Auf der anderen Seite hatten wir meine Mutter, die als Opferlamm mit Unken- und Schmährufen von der bösen Schwiegermutter bedeckt wurde. Der Alkohol hat uns seinerzeit somit nicht nur zum kollektiven Schweigen verdonnert, sondern auch derart die Sinne vernebelt, dass wir alle in unserer schönen, heilen Scheinwelt lebten, die nichts anderes war als ein höchst fragiles Kartenhaus. Es birgt schon eine gewisse Ironie in sich, dass nüchterne Menschen Symptome von Volltrunkenheit an den Tag legen.

Meine Schwester hat ca. zwei Jahrzehnte später mit dieser Legende gebrochen und ihre Version der Geschichte erzählt, die bis dahin verschwiegen wurde. Es war nicht meine Oma, sondern vielmehr meine kleine Schwester selbst, die mit meiner Großmutter durch die Supermarktregale gegangen ist, auf eine Schnapsflasche zeigte und dann sagte: „Oma, das da trinkt die Mama immer!" Diese verzweifelte Aktion eines sehr kleinen Menschen ist damals nicht nur im sprichwörtlichen Nichts verpufft, viel schlimmer, die ganze Energie dieser Aktion hat sich damals in die genau entgegengesetzter Richtung entladen. Mein offensichtlich hoch aufgeregter Vater kehrte die Geschichte so um, dass sie ein für ihn akzeptables Pendant zum Puzzleteil „heile Familie" lieferte. Aus diesem Grund wurde auch die bequeme und viel familienfreundlichere erstgenannte Version dieser Geschichte von ihm präferiert. Und eben diese Interpretation hat sich lange und beharrlich in unserer Familie aufrecht erhalten. Eine Flasche Schnaps kann nicht nur betrunken machen, sie kann (leider, leider) noch viel, viel mehr!

Hier kann man natürlich die berechtigte Frage stellen, weshalb meine Schwester nicht schon damals wütende Proteste einlegte und auf die Richtigstellung dieser verdrehten Geschichte pochte. Ich habe dafür eine ganz banale Erklärung. Da ist ein kleiner Mensch einen sehr mutigen Schritt gegangen und bekam nun von seinem engsten sozialen Umfeld, nämlich vom Vater, signalisiert, dass das Getane durchweg schlecht war. Ihr wurde wahrscheinlich in diesem Augenblick der Konfrontation bewusst, dass sie das heile System „Familie" ins Wanken gebracht hatte. Nicht der Alkohol, sondern meine Schwester war an diesem Wanken Schuld und sie hat wahrscheinlich seinerzeit instinktiv die Gefahr wahrgenommen, dass eben dieses System Familie kurz vor dem Zusammenbruch steht. Genau deshalb hat meine Schwester damals das geringste Übel gewählt, dass das wackelige System wieder in scheinbares Gleichgewicht bringt: Sie hat mitgespielt, den schwarzen Peter weiterzugeben und der Empfänger des schwarzen Peters war nun einmal meine Oma. Meiner Oma war selbstverständlich diese verdrehte Version der Geschichte auch bekannt, jedoch hat auch sie sich in Schweigen gehüllt. Vielleicht hat sie es aus genau denselben Gründen getan, die zu dieser Zeit auch meine Schwester bewegten.

Außenstehenden, das heißt für nicht-Alkoholiker bzw. nicht-Co-Alkoholiker, mag dieses Verhalten vollkommen irrational und abstrus vorkommen. Ich möchte hier jedoch nur in Erinnerung rufen, dass wir hier von einer anderen Realität sprechen, einer im wahrsten Sinne des Wortes vernebelten Realität. Es ist die Realität des Alkohols, der seinen Dunstschleier über das soziale Umfeld legt und Menschen, die keinen Tropfen Alkohol anrühren, zu Alkoholikern werden lässt, zu Co-Alkoholikern. Doch was ist eigentlich ein Co-Alkoholiker?

Co-Alkoholiker sind häufig nicht nur enge Familienangehörige des Alkoholikers, sondern auch das berufliche und weitere private Umfeld. Co-Alkoholiker sind keine labilen oder gar schlechten Menschen. Sie legen ein Verhalten an den Tag, das den Alkoholismus des Alkoholikers (unbewusst und ungewollt) fördert. Sie entschuldigen den Alkoholiker mit Hilfe von fadenscheinigen Ausreden bei seinem Arbeitgeber. Sie sagen Feierlichkeiten unter Vorwänden ab, weil sie dort ausfallendes Verhalten des Alkoholikers befürchten. Kennzeichnend für den Co-Alkoholismus ist also das ungewollte Unterstützen des Sucht-

verhaltens. Aus diesem Grund wird auch die Früherkennung der Alkoholkrankheit erschwert und die Unterbrechung ihres Verlaufs behindert.

Die Co-Alkoholiker können in verschiedene Rollen eingeteilt werden. Somit haben wir ein regelrechtes Spiel mit verteilten Rollen. Ziel dieses Spiels ist es, den status quo, nämlich den Alkoholismus, aufrecht zu erhalten. In diesem Spiel können fünf Beteiligte identifiziert werden: den Alkoholiker selbst, den Nörgler, den Retter, den stummen Helfer und schließlich den Verbindungsmann.

Der **Alkoholiker** übernimmt in diesem Spiel die Rolle des Protagonisten. Der Alkoholiker befindet sich in einer Opferrolle, die er durch fortwährenden und übermäßigen Alkoholkonsum bestätigt. Er zieht in diesem Spiel gewissermaßen die Fäden und drängt quasi sein Umfeld in die oben benannten Nebenrollen, so dass er sein unmäßiges Trinkverhalten lange und ohne spürbare Konsequenzen fortsetzen kann. Alkoholiker entwickeln im Laufe der Zeit ein sehr feines Gespür für Menschen, die sich leicht manipulieren lassen und die für die Übernahme der genannten Nebenrollen empfänglich sind. Es ist hierbei auch durchaus möglich, dass ein Mitspieler gleich mehrere Rollen einnimmt.

Eine wichtige Nebenrolle ist die des **Nörglers**. Zu denken wäre hier an den Ehepartner, der ständig ermahnt („nörgelt"), jedoch seinen Worten keine Taten folgen lässt. Die Vorwürfe in den Formulierungen des Nörglers („Sieh, was du jetzt schon wieder getan hast!") haben jedoch nur einen Effekt: Sie forcieren lediglich den Aufbau von Trinkalibis.

Der **Retter** hingegen bemüht sich, sich mit den Trinkproblemen seines Gegenübers auseinanderzusetzen. Die Rolles des Retters wird gern von Mitmenschen und Arbeitskollegen eingenommen. Über dem Retter schwebt ein unverrückbares Dogma, das geradezu herausschreit: „Ich will dir doch nur helfen!" Der Retter hört sich bereitwillig die Probleme des Alkoholikers an und nimmt sich dafür auch die nötige Zeit. Er erteilt dem Alkoholkranken gute Ratschläge und verschafft sich selbst damit das gute Gefühl, dem Alkoholiker geholfen zu haben. Der Abhängige dankt dem Retter für seine Ratschläge mit Versprechen, die er jedoch krankheitsbedingt nicht einhalten kann. Hier ist auch häufig eine Spirale zu beobachten. Wenn der Alkoholiker nach einem Rettungsversuch wieder einen Rückfall erleidet, nimmt parallel dazu die Hilfsbereitschaft des Retters zu. Damit geht auch eine verzerrte Wahrnehmung des Retters einher: Er meint, dass der Alkoholiker trinkt, da er Probleme hat und verkennt im gleiche Zuge, dass er Probleme hat, weil er trinkt.

In der Realität können sich die Retterrollen auch in anderen Verhaltensweisen äußern, da werden beispielsweise Trinkschulden des Alkoholikers stillschweigend beglichen, versäumte Termine mit übernommen u.v.m. Dieses übersteigernde Retterverhalten mündet darin, dass dem Alkoholiker die Konfrontation mit den Konsequenzen seines Handelns erspart bleibt. Aus diesem Grund spricht man hier auch nicht mehr vom Retter, sondern vielmehr vom **stummen Helfer**. Das Verhalten des stummen Helfers kann kurz und knapp mit Schweigen und Ignorieren umschrieben werden. Die Hilfe degeneriert somit zu einer Farce. Gleichwohl wie die originären Motive des stummen Helfers in der aussehen mögen, der stumme Helfer handelt im eigentlichen Sinne nach dem Credo: „Du kannst mit dem Trinken weiter machen, weil du sowieso ein hoffnungsloser Fall bist!"

Schlussendlich soll noch der **Verbindungsmann** *beschrieben werden, der die Rolle des Versorgers einnimmt. Verbindungsmänner können Kioskbesitzer, Tankstellenpächter, Kneipenwirte usw. sein. Verbindungsmänner können durchaus einen kriminellen Habitus an den Tag legen, indem sie beispielsweise dem trockenen Alkoholiker „nur zum Spaß" Alkohol in seine nichtalkoholischen Getränke beimischen. Diese Späße haben aufgrund des vorprogrammierten Rückfalls des Alkoholkranken fatale Auswirkungen.*

Das Alkoholiker-Spiel kann mitunter mit dem Tod des Protagonisten, also des Alkoholikers enden.

Auch unser Alkoholiker-Spiel endete mit dem Tod, nämlich mit dem Tod meiner Mutter. Meine Mutter starb zwar nicht den klassischen Alkoholikertod, d.h. einen Tod aufgrund der direkten Folgewirkungen ihres übermäßigen Alkoholkonsums. Trotz alledem spielte das besagte Alkoholiker-Spiel bei ihrem Ableben eine nicht ganz unerhebliche Rolle. Doch dazu gegen Ende dieses Buches mehr.

Kapitel 5: Mein Vater der Nörgler

Mein Vater nahm in dem Alkoholikerspiel auch eine Rolle ein, eine ganz besondere Rolle. Ich habe diese Rolle schon in frühester Kindheit wahrgenommen, gleichwohl ich seinerzeit nicht wusste, wie man dieses Rollenverhalten etikettiert. Ich wusste damals noch nicht einmal, dass es eine Rolle war.

Mein Vater übernahm die Rolle des Nörglers. Etwas populärer und dennoch klarer formuliert müsste ich ihn nicht als Nörgler, sondern vielmehr als HB-Männchen bezeichnen. Ein HB-Männchen, das fortwährend mit lautem Getöse in die Luft geht und mit den schlimmsten Konsequenzen droht. Hier liegt die Betonung jedoch nicht auf dem Substantiv *Konsequenzen*, die Betonung liegt vielmehr auf dem Verb *androhen*. Ich kann mich nämlich nicht daran erinnern, dass mein Vater jemals eine meiner Mutter gegenüber ausgesprochene Drohung in die Tat umgesetzt hat. Lediglich an eine sehr zaghafte und bubenhaft umgesetzte Konsequenz vermag ich mich erinnern. Nach einer Alkoholeskapade meiner Mutter bestrafte mein Vater sie mit Schweigen – er redete nicht mehr mit ihr. Für mich bedeutete dies übersetzt: Du warst ein böses Kind und deshalb rede ich nicht mehr mit dir! Papa ist nämlich böse! Diese Sanktion dauerte jedoch nicht lange an und es wurde bald zur Tagesordnung übergegangen. Mutter war genug sanktioniert und hatte ihre Strafe abgesessen. Obwohl es niemand aussprach dachten alle, dass Mama von nun ab wieder eine gute Mama sein wollte. Alles war von nun an wieder gut...bis zum nächsten Vollrausch.

Mein Vater war berufstätig, er arbeitete in der Landeshauptstadt. Es gehörte zum Usus unserer Familie, dass mein Vater immer um die Mittagszeit zu Hause anrief und mit meiner Mutter kurz sprach. Es ist sicherlich eine sehr schöne Geste, wenn sich der Ehemann nach langen Jahren der Ehe immer noch regelmäßig fernmündlich bei seiner Frau meldet und ein kurzer

Austausch stattfindet. Vielleicht (und ich sage hier ganz deutlich, dass ich mich jetzt im Bereich der Mutmaßungen befinde) wollte mein Vater meine Mutter mit diesen Anrufen auch in gewissem Maß kontrollieren. Vielleicht wollte er einfach nur sicher gehen, dass sie nicht getrunken hat. Vielleicht legte er damals immer dann erleichtert und froh den Hörer auf die Gabel, wenn er die klare, deutliche und vor allem die nüchterne Stimme seiner Frau hörte. Vielleicht hat dieses Motiv unterschwellig bei ihm eine Rolle gespielt.

Wenn meine Mutter jedoch Anzeichen der Volltrunkenheit am Telefon von sich gab, dann kam mein Vater nach Hause und ließ sprichwörtlich den Hammer kreisen. „Mädchen, du bist doch breit!", hieß es dann unter anderem aus dem Munde meines Vaters. Dies gab er mit einer Dezibelstärke von sich, dass nicht nur wir Kinder trotz geschlossener Türen unfreiwillig daran partizipierten, sondern höchstwahrscheinlich auch unsere Nachbarn. Meine Mutter wiederholte bei solchen Konfrontationen immer gebetsmühlenartig, dass sie nichts getrunken habe. Dies gab sie zwar mit weitaus geringerer Dezibelzahl von sich, jedoch mit deutlich schwerer Zunge. Es birgt schon eine unfreiwillige Ironie in sich, wenn ein Mensch, der so betrunken ist, dass er sich weder anständig artikulieren noch anständig fortbewegen kann, gebetsmühlenartig bekundet, dass er nüchtern sei.

Rückblickend muss ich sagen, dass sich bei meinem Vater in seinem Umgang mit dem Alkoholismus seiner Frau, das heißt in seinen Vorwürfe ihr gegenüber, vor allen Dingen das Eine offenbarte: Hilflosigkeit. Er war nichts anderes als das schreiende, tobende Kind. Seine Hilflosigkeit zeigte sich auch darin, dass er sich im Prinzip niemals sicher war, ob meine Mutter denn nun wirklich betrunken war oder vielleicht auch nicht. Um es ganz deutlich zu formulieren, meine Mutter konnte sogar volltrunken sein und mein Vater war sich trotz allem nicht sicher. Mit genau dieser Frage hat er mich als Kind konfrontiert. Meine Mutter war mal wieder betrunken, es kam zwischen ihr und meinem Vater mal wieder zu einer heftigen Auseinandersetzung. Danach kam er in mein Zimmer. Ich lag auf meinem Bett. Dann fragte mich mein Vater: „Hat sie nun getrunken oder nicht?" Ich habe darauf nicht geantwortet, ich drehte mich nur auf die Seite, wandte mich von ihm ab und fing an zu heulen. Dies hat mein Vater dann stehenden Fußes auch gleich meiner Mutter auf das Butterbrot geschmiert: „Selbst dein Kind muss schon über dich heulen!" Und wieder ein Vorwurf, der im Nichts verpuffte. Nein, dieser Vorwurf verkehrte sich sogar ins Gegenteil, denn ein paar Tage später fragte mich meine Mutter ganz unvermittelt (Anm.: Hier war sie nüchtern): „Warum hast du eigentlich damals bei Papa geweint?" Meine Antwort war damals nur Schweigen. Heute frage ich mich, weshalb meine Mutter mich das damals gefragt hat. Oder deutlicher: Weshalb hat sie sich erdreistet, mich genau das zu fragen? Es wäre sicherlich sehr eindimensional zu sagen, dass diese Frage von ihr nichts weiter als Blauäugigkeit gewesen ist. Vielmehr glaube ich heute, dass der König Alkohol seinerzeit bei ihr im wahrsten Sinne des Wortes ganze Arbeit geleistet hat: „Ich habe bestimmt kein Problem mit Alkohol, also warum sollten meine Kinder wegen mir in Tränen ausbrechen?" An dieser Stelle möchte ich allen Alkoholikern eine populäre und nicht wissenschaftlich verifizierte Daumenregel auf den Weg geben: Je öfter ihr euch selbst gegenüber beteuert, dass ihr kein Problem mit Alkohol habt, desto größer ist die Wahrscheinlichkeit, dass ihr euch schon mitten im Sumpf befindet, der den Namen Alkohol trägt!

Doch zurück zum Geschehen, denn ich möchte an dieser Stelle ein weiteres Beispiel dafür nennen, wie der Alkohol auch das nicht alkoholisierte soziale Umfeld vereinnahmt. Als ich ca. 14 Jahre alt war haben mir böse Buben mein Fahrrad gestohlen, so dass ich mit dem Fahrrad meines Vaters zur Schule gefahren bin. Des Weiteren muss ich an dieser Stelle noch erklärend einfügen, dass meine Familie mittlerweile umgezogen war. Die Eigentumswohnung im Mehrfamilienhaus wurde durch ein

Eigenheim mit Keller und Dachboden ersetzt. Das heißt kurz und knapp: Ein neues Zuhause, neue Nachbarn und leider auch die alten Probleme. Eines Tages bewarfen mich irgendwelche Idioten mit einer halbvollen Cola-Dose als ich von der Schule nach Hause radelte. Die Dose prallte am Fahrrad ab und der Rest Cola hinterließ eine ziemliche Sauerei auf meiner Hose. Als ich daheim ankam war meine Mutter betrunken, sie war sogar ziemlich betrunken. Ich wechselte die Hose, mein Vater rief an und ich ahnte schon was jetzt passieren würde. Meine Mutter versuchte mehr schlecht als recht das Telefonat mit ihm zu führen und übergab schließlich mir den Telefonhörer. Mein Vater fragte mich, ob Mutter getrunken hätte. Ich antwortete ihm nicht, sondern fing an zu heulen und legte auf. Kurze Zeit später stand mein Vater vor der Tür. Er hatte mir ein neues Fahrrad mitgebracht. Das noch in Folie eingeschweißte Fahrrad brachte er in den Keller. Ich eilte sofort hinter ihm her. Ich war froh. Ich war nicht froh über das unvermittelt mitgebrachte Fahrrad. Ich war vielmehr froh, dass ich nun einen guten Grund hatte, mich eine Etage tiefer zu begeben und mich somit dem entziehen konnte, was nun unweigerlich ein Stockwerk über mir passieren würde.

Überflüssig zu erwähnen, dass mein Vater nicht unvermittelt vor der Tür stand, um mir mein neues Fahrrad zu bringen. Wahrscheinlich hat er dies vor seinen Arbeitskollegen nur als Vorwand genutzt, um mal wieder während der Mittagspause nach Hause zu fahren. Wie erwartet kreiste über mir wieder einmal der sprichwörtliche Hammer. Mein Vater übergoss meine Mutter förmlich mit Vorwürfen, während sie lallend beteuerte, dass sie doch gar nichts getrunken hätte. Und was tat ich? Ich tat etwas total groteskes, ja, widersinniges. Obwohl ich mich im Keller befand, bekam ich jedes Wort von dem Streit über mir mit. Ich stand jedoch nur blöd grinsend vor meinem neuen Fahrrad und freute mich über dieses Geschenk, weil man sich nun einmal über Präsente freuen muss. Und was war mit dem Streit? Was war mit der misslichen Situation über mir? Ich verdrängte sie! Ich gab mir alle Mühe dieser Welt, das, was ich über mir hörte, nicht zu hören. Was nicht sein darf, das ist einfach nicht! Der Co-Alkoholismus kann bisweilen recht bizarre Formen annehmen. Und es ist schon recht seltsam, dass man in einem Spiel widerwillige eine Rolle einnimmt, die man gar nicht einnehmen möchte. Mein Vater hatte seinen Part im Nörgeln gefunden und sein Sohn übte sich eifrig im Verdrängen. Um es ganz deutlich zu formulieren: Ich habe dieses Spiel damals gehasst. Ich habe mich in meiner Rolle gehasst und ich habe auch die Rolle meiner Mutter gehasst. Und falls mich nun jemand fragen sollte, weshalb ich denn nicht einfach aus dieser Rolle ausgestiegen bin, denn ich zählte ja damals immerhin schon 14 Lenze. Ganz einfach: Mir fehlten damals die Handlungsoptionen. Ich wusste nicht, was ich denn sonst tun sollte. Somit mündete mein Verhalten schlussendlich in demselben Sumpf wie das Verhalten meines Vaters. Der Eine nörgelt und der Andere verdrängt und unterm Strich bleibt die beidseitige Hilflosigkeit!

Der ganzen Situation wurde noch pointiert die Krone aufgesetzt. Mein Vater kam in den Keller und wollte von mir wissen, weshalb ich denn am Telefon geheult habe. Mir fiel in diesem Augenblick nur eine hilflose Antwort ein: „Ich habe geheult, weil mich irgendwelche Idioten auf dem Heimweg mit einer halbvollen Cola-Dose beworfen haben und meine Hose nun dreckig ist!" Mein Vater gab sich mit dieser Antwort nicht ganz zufrieden, er wollte das corpus delicti, das heißt die verschmutzte Hose, in Augenschein nehmen. Seltsamerweise fühlte ich mich in diesem Augenblick beschuldigt! Jedoch stellte die unterschwellige Mutmaßung meines Vaters, dass ich ihn belogen hätte, kein Problem dar. Ich ging zur Schmutzwäsche und zeigte ihm die Hose. Mein Vater entgegnete daraufhin nichts, er verließ vielmehr wutschnaubend das Terrain, um wieder zur Arbeit zu fahren. Hier hätte sich mein Vater die durchaus berechtigte Frage stellen dürfen: „Warum heult ein pubertierender Junge? Wo liegt der wahre Grund für seine Tränen?

Etwa, weil seine Hose ein paar Flecken hat oder vielleicht weil sich seine Mutter in einem volltrunkenen Zustand befindet? Weil vielleicht alles zu viel ist für einen 14jährigen?"

Kurze Zeit später wankte meine Mutter in den Keller. Sie hatte eine üble Fahne und fragte mich schwer lallend: „Ist das nicht nett von Papa, dass er extra vorbeigekommen ist, um dir das Fahrrad zu bringen?" Willkommen im Club der Verdränger. Die Protagonistin dieses Spiels verdrängte also auch. Jedoch gab es im Verhalten zwischen meiner Mutter und mir einen essentiellen Unterschied: Ich verdrängte, weil ich hilflos war. Demgegenüber hätte meine Mutter nicht so viel verdrängt, wenn sie nicht so viel gesoffen hätte.

Wenn in einem Alkoholiker-Spiel die Rollen verteilt sind, dann muss dies nicht heißen, dass jeder Mitspieler seine Rolle zeitlebens beibehält. Alle Spieler können ihr Rollenverhalten sehr wohl verändern und auch ich sollte dies (sehr spät) tun, dazu mehr im Kapitel 12.

Co-Alkoholismus muss kein Rollenverhalten sein, das im Zeitablauf konstant ist, vielmehr können Co-Alkoholiker mehrere Phasen durchlaufen. In der Literatur werden hierzu drei Phasen unterschieden, nämlich die Beschützer-, die Kontroll- und die Anklagephase. Dauer und Intensität können variieren, die Phasen können auch mehrmals durchlaufen werden, insbesondere dann, wenn der Alkoholismus durch (mehrere) Abstinenzphasen unterbrochen wird.

Die **Beschützerphase** *wird dadurch charakterisiert, dass hier das soziale Umfeld eine vage Ahnung hat, dass mit dem betroffenen Alkoholiker „etwas nicht stimmt". Hier betreten vor allem die stummen Helfer die Bühne. Sie handeln nach dem Credo der bekannten drei Affen: nichts sehen, nichts hören und nichts sagen. Die Folge ist, dass die mehr oder weniger offensichtlichen Trinkprobleme des Betroffenen dort bleiben, wo sie nicht bleiben sollten: im Verborgenen.*

*Retter oder auch Nörgler haben ihren Auftritt in der **Kontrollphase**. Hier wird dafür gesorgt, dass sich das Trinkverhalten des Alkoholikers in überschaubaren Grenzen hält. Mitunter wird der Alkoholiker auch zu Versprechen gedrängt, sein Trinkverhalten zu mäßigen. Eine recht subtile Form der Kontrolle sind mehr oder weniger versteckte Markierungen an Etiketten von Alkoholika. Durch sie kann der Kontrolleur bewerten, ob (heimlich) getrunken wurde oder nicht – die Sinn- und Zweckmäßigkeit dieser Konterolle darf jedoch durchaus in Frage gestellt werden.*

*In der **Anklagephase** kommt es zu offenen Animositäten und sogar zu Feindseligkeiten. Hier tut sich vor allem der Nörgler hervor, der zur persönlichen Nemesis des Alkoholkranken wird. Er wird nun für alle Probleme und Schwierigkeiten verantwortlich gemacht.*

In Bezug auf meinen Vater möchte ich sagen, dass er sich relativ schnell in der Nörglerrolle etabliert hat, wobei er sich nach meinem Dafürhalten permanent in der Anklagephase befand. Ich hingegen pendelte sehr lange Zeit zwischen der Beschützer- und der Kontrollphase. Dies lässt sich unter anderem damit erklären, dass meine Mutter diverse Abstinenzphasen hatte, überdies gab es auch diverse Situationen, in denen sie ein diszipliniertes Trinkverhalten an den Tag legte. Insbesondere die Kontrollphase ist mir persönlich noch sehr gut und leidvoll bekannt. Auch hier legte ich ein Verhalten an den Tag, das ich wie folgt umschreiben kann: Ich will mit meinem Kontrollverhalten ein Ziel erreichen, bin mir aber gleichzeitig irgendwie bewusst, dass ich mit eben diesem Verhalten rein gar nichts erreiche. Ich kann es nicht oft genug wiederholen, der Co-Alkoholismus kann bisweilen recht groteske Züge annehmen!

Die Ursachen für co-alkoholisches Verhalten liegen unter anderem in der *Beweisnot*, in der *Unwissenheit* bzw. der *Hilflosigkeit* sowie der Angst vor *Denunziantentum*. Wenn ich mich selbst reflektiere, dann kann ich für mich feststellen, dass alle drei Ursachen eine nicht ganz unwesentliche Rolle in meinem Co-Alkoholiker-Leben eingenommen haben. Die Beweisnot machte sich vor allem bei meinem Vater bemerkbar, indem er sich (und uns Kindern) häufig die Frage stellte, ob meine Mutter denn nun getrunken hat oder nicht. Ich bekam jedoch auch mehrere Male die Beweisnot hart zu spüren. Es gab etliche Situationen in meinem Leben, in denen ich meine Mutter mit ihrem Alkoholkonsum direkt konfrontierte. Im Regelfall wurde dies von meiner Mutter vehement verleugnet: „Ich habe doch nichts getrunken!". So komisch es auch klingen mag, als naher Anverwandter ist man hier sehr schnell mit seinem Latein am Ende. Was will man denn bloß mit jemand anstellen, der mit immer noch reichlich Restalkohol im Blut seinen Alkoholismus negiert? Diese Frage habe ich mir oft gestellt und bin irgendwann daran verzweifelt!

Unwissenheit und Hilflosigkeit spielten ebenfalls eine entscheidende Rolle in meinem Leben als Co-Alkoholiker. Hier nehme ich mich jedoch gerade in meiner frühkindlichen Phase selbst in den Schutz, denn es wäre wohl reichlich vermessen, von einem 7-jährigen Kind zu erwarten, dass es angemessen und aufgeklärt auf den Alkoholismus seiner Mutter reagiert. Viel schlimmer und erschreckender empfand bzw. empfinde ich mein Verhalten als Hilfloser während meiner Volljährigkeit. Mittlerweile hatte ich schon einiges mitbekommen, was das Thema „Alkohol" anbelangt und hatte auf der Uni sogar ein Seminar namens „Alkohol am Arbeitsplatz" belegt. Theoretisch war ich somit bestens für den Kampf gegen den Alkoholmissbrauch gewappnet, versagte jedoch praktisch kläglich – wobei diese Aussage nicht das komplette Universitätsstudium unter Generalverdacht stellen soll! Um es auf den Punkt zu bringen: Ich war hilflos, ich wusste zwar, wie ich theoretisch gegen diese Hilflosigkeit ankämpfen sollte, verhielt mich aber trotzdem auch weiterhin hilflos.

Ganz persönlich war für mich jedoch das Denunziantentum die schrecklichste Vorstellung. Ich war bestrebt, ganz lange Zeit den Vorhang der heilen und problemlosen Familie über mein Elternhaus zu decken. Es ist mir lange Zeit nicht in den Sinn gekommen, mit guten Freunden über das Problem meiner Mutter zu sprechen. Ganz im Gegenteil, ich vermied es sogar, meine Freunde einzuladen; insbesondere vermied ich es, Freunde direkt nach der Schule einzuladen. Diese Zeit war nämlich sehr gefährlich, da meine Mutter häufig betrunken war. Und hätte ich nun bewusst meine Freunde mitgebracht, dann hätte ich meine Mutter ja denunziert…

Resümierend kann ich für mich feststellen, dass es nicht die Ursache für mein co-alkoholisches Verhalten gibt. Es gibt vielmehr ein Bündel aus Ursachen, wobei eine Ursache mehr bzw. weniger dominieren mag als die andere. Aber wenn wir es mit einem eindimensionalen Problem zu tun hätten, dann wäre die Lösung hierzu wahrscheinlich auch viel einfacher.

Kapitel 6: Saufen ist nicht gleich saufen

In diesem Kapitel möchte ich das Trinkverhalten meiner Mutter etwas genauer beleuchten. Die Überschrift dieses Kapitels mag schon ein wenig die Intention des nun folgenden Inhalts widerspiegeln, denn in der Tat existieren ganz unterschiedliche Trinkverhalten bei den Alkoholikern. Hier gilt es nicht nur zu hinterfragen, wie viel und in welchen Abständen Alkohol konsumiert wird, sondern auch welcher Alkohol überhaupt getrunken wird. Eben dies möchte ich nun am Trinkverhalten meiner Mutter erläutern.

Zunächst möchte ich die Frage beantworten, *was* meine Mutter denn (vornehmlich) getrunken hat. Meine Mutter trank vorwiegend Klosterfrau-Melissengeist, d.h. sie trank Klosterfrau-Melissengeist, wenn sie heimlich trank. Ich denke, dass sie eben damit sprichwörtlich zwei Fliegen mit einer Klappe geschlagen hat. Zum einen konnte meine Mutter mit einer relativ geringen Menge an Flüssigkeit recht schnell den erwünschten Zustand herbeiführen. Dies ist damit zu erklären, dass Klosterfrau-Melissengeist immerhin 79 Vol. % Alkoholgehalt in sich birgt. Selbst für Abstinenzler ist es wohl relativ einfach nachzuvollziehen, dass dies ein recht sportlicher Alkoholgehalt ist. Oft habe ich mit dem Gedanken gespielt, mir im Rahmen eines Selbstversuchs auch eine Flasche Klosterfrau-Melissengeist zu genehmigen, um einfach mal am eigenen Leib zu spüren, wie man(n) sich danach fühlt. Ich habe es bis dato bei dem Gedankenspiel gelassen und werde es wohl auch dabei belassen, weil noch heute der bloße Geruch von Klosterfrau-Melissengeist einen Würgereiz bei mir verursacht. Neben dem gewünschten Effekt des „schneller-Besoffenseins", hatte die Konsumption von Klosterfrau-Melissengeist für meine Mutter jedoch noch einen anderen Effekt: Es handelte sich dabei ja nur um Medizin! Somit hatte sie für sich und für andere immer eine Legitimation parat, weshalb sie Klosterfrau-Melissengeist konsumierte. Es hatte rein medizinische Gründe. Wahrscheinlich hatte meine

Mutter den wahren Grund („Ich will bzw. ich muss mich heute besaufen!") bis zuletzt für sich ausgeblendet. Überdies hat es auch ganz andere Qualität, wenn ich in den Supermarkt gehe und mir Klosterfrau-Melissengeist kaufe! Mit einer Flasche Schnaps, die regelmäßig ganz unten in meinem Einkaufswagen liegt, spiele ich schon in einer anderen, viel schlimmeren Liga! Ich kann es nicht oft genug wiederholen: Alkohol vernebelt sämtliche Sinne…und dies nicht nur im Vollrausch und beim Alkoholiker selbst!

Meine Mutter trank vorwiegend am Vormittag, es gab jedoch auch Zeitpunkte, an denen sie auch am Abend trank. Hierbei handelte es sich jedoch primär um Familienfeierlichkeiten. Da hier von allen Beteiligten Alkohol konsumiert wurde, fiel es auch nicht so stark auf, wenn meine Mutter auf den besagten Familienfeiern mehr oder weniger stark abstürzte. Hinsichtlich ihres Trinkverhaltens am Vormittag kristallisierten sich für mich relativ schnell zwei Unterscheidungskriterien heraus. Da gab es auf der einen Seite „schlimm-besoffen" und auf der anderen Seite „nicht-so-schlimm-besoffen". Wenn meine Mutter am Vormittag nicht-so-schlimm-besoffen war, denn bedeutete dies, dass sie es bis zur Heimkehr meines Vaters am frühen Abend schaffte, wieder einigermaßen auszunüchtern. Wenn meine Eltern dann nach dem Abendessen gemeinsam noch zusammensaßen, dann stand im Regelfall eine Flasche Wein auf dem Tisch, die auch gemeinsam geleert wurde. Es gab auch durchaus Zeiten, in denen noch eine zweite Flasche Wein entkorkt wurde. Bisweilen wunderte sich jedoch mein Vater, weshalb meine Mutter nach zwei Glas Wein anfing zu lallen. Dies hing von der Höhe ihres Alkoholpegels ab, den sie im Laufe des Tages mit der sakralen Hilfe der Klosterfrau aufgebaut hatte. Es mag durchaus sein, dass mein Vater mit diesem Verhalten wieder Symptome der Verdrängung offenbarte.

Es gab jedoch auch ausreichend Augenblicke, in denen meine Mutter schlimm-besoffen war. Ein Indiz dafür konnte ich bereits während meiner frühen Kindheit beobachten. Wenn meine Mutter nach dem Mittagessen nicht mehr in der Lage war, die Küche aufzuräumen, d.h. wenn die Küche nach dem Essen „wie Sau" aussah, dann konnte ich davon ausgehen, dass sie „schlimm-besoffen" war.

Nach dem Mittagessen hielt meine Mutter im Regelfall ihr Mittagsschläfchen. Schlimm war dies immer dann, wenn sie sich im stark angetrunkenen Zustand zum Mittagsschlaf begab. Ich kann mich noch gut an das tiefrote Gesicht und an diesen unangenehmen, süßlichen Alkoholgestank erinnern, den meine Mutter während des Schlafens verströmte. Dies war auch mein zweites persönliches Kriterium für den Zustand meiner Mutter: Je röter das Gesicht beim Mittagsschlaf, desto heikler schätzte ich die Lage ein.

Neben diesen Merkmalen wies meine Mutter selbstverständlich auch noch die üblichen Merkmale auf, die Menschen unfreiwillig äußern, wenn sie zu viel Alkohol getrunken haben. Wenn meine Mutter besoffen war, dann hatte sie Probleme mit der Aussprache. Sie wies dann das ganz typische Lallen von Betrunkenen auf, das in Witzen von mehr oder weniger guten Laiendarstellern gern persifliert wird. Insbesondere bereiteten die Konsonanten meiner Mutter größere Schwierigkeiten, hier insbesondere das (wie ich es mal nennen möchte) „Trinker-S". Nüchterne Menschen sagen „so" und betrunkene Menschen sagen „ssssso". Ebenfalls charakteristisch für meine betrunkene Mutter war das Essen mit offenem Mund, wobei der Mund beim Kauen in relativ kurzen Frequenzen auf und zu ging. Dies sah bei ihr immer ein wenig statisch aus, da die Bewegung primär aus dem Unterkiefer heraus kam. Das unangenehme Sahnehäubchen hierbei war, dass dieses Kauen mit offenem Mund bei meiner Mutter ein ziemlich komisches und ekelerregendes Schmatzgeräusch hervorrief.

In diesem Zusammenhang erinnere ich mich an eine sehr prägende und leider auch sehr hässliche Situation. Ich war zu dieser Zeit etwa 14 Jahre alt. Meine Schwester und ich kamen aus der Schule und meine Mutter hatte meine Lieblingsspeise gekocht: Schlemmerfilet – ein tiefgefrorener Fisch mit einer Kräuterkruste, der im Backofen zubereitet wird. Da meine Mutter stark angetrunken war (sie war „schlimm-besoffen"), war der Fisch außen in Ordnung und innen noch gefroren. Wir saßen alle am Tisch und meine Mutter gab wieder ihre komischen Schmatzgeräusche von sich, die für mich ein weiterer Beleg dafür war, dass sie sich in einem alarmierenden Zustand befand. „Schmatz′ doch nicht so!", blaffte ich meine Mutter an. Sie ließ sich das nicht gefallen und fragte mich, was mir denn einfallen würde, sie zu maßregeln. Genau dies war mir seinerzeit zu viel und mit den Worten „...der Fisch ist noch gefroren..." verließ ich stinksauer die Küche. Meine Mutter zitierte mich lallend in die Küche zurück und wies mich an, den Fisch weiter zu essen. Ich stocherte im Fisch herum und da ich mit der ganzen Situation hoffnungslos überfordert war, fing ich an zu heulen. Meine Mutter nahm dies wahr und lachte laut prustend mit vollem Mund los. Dies hatte zur Folge, dass sich ein Teil ihres Mundinhalts über den Tisch bzw. an die gegenüberliegende Tapete verteilte.

Obwohl es sich hierbei nicht um ein sonderlich spektakuläres oder gar dramatisches Erlebnis mit dem König Alkohol handelte muss ich komischerweise eingestehen, dass das eben Geschilderte zu meinen hässlichsten Konfrontationen mit dem Alkohol zählte. Ich habe in diesem Augenblick meine Mutter nicht mehr als meine Mutter, sondern als ein lallendes, torkelndes, sich nicht mehr artikulieren könnendes Etwas erlebt, das kleine Kinder auslacht und dabei die Tapete anspuckt. Noch heute kostet es mich ein gerüttelt Maß an Überwindung, meine Mutter als ein Etwas darzustellen. Noch heute will mir dieses Etwas nicht leicht über die Lippen bzw. leicht aus der Feder kommen. Ich habe jedoch eingangs erwähnt, dass ich hier meine ehrlichen Empfindungen niederschreiben möchte und dass ich diese Empfindungen ohne irgendwelche Euphemismen niederschreiben will. Bei konsequenter Verfolgung dieses hehren Ziels wird dann unweigerlich aus einem lieben Mensch ein

Etwas. Als nicht unwichtigen Nebenstrang möchte ich dies gern für alle Alkoholiker hervorheben, die jetzt diese Zeilen lesen, hervorheben: Ihr werdet in euren Alkoholexzessen von eurem Umfeld gar nicht mehr als Mensch wahrgenommen. Dies ist genau noch eine Stufe tiefer als ein Mensch überhaupt sinken kann.

Neben den sprachlichen Ausfällen kamen bei meiner Mutter auch noch Koordinationsprobleme hinzu wenn sie angetrunkenen war. Diese Koordinationsprobleme konnten mitunter auch in einen Koordinationsverlust münden. Diesbezüglich möchte ich jedoch anmerken, dass ein körperlicher Totalausfall aufgrund massiven Alkoholkonsums bei meiner Mutter nicht der Regelfall war. Auch hier gibt es eine Begebenheit aus meiner frühen Kindheit.

Als meine Eltern noch in ihrer Eigentumswohnung im Mehrfamilienhaus wohnten wurde oft und gern gefeiert. Irgendwann gab es mal wieder einen Grund, die Gläser klingen zu lassen und die ganze Hausgemeinschaft versammelte sich unten im Fetenkeller. Selbstverständlich waren meine Eltern auch mit dabei. Komischerweise konnte ich damals nicht einschlafen, sondern wollte mich so lange wach halten, bis meine Eltern wieder oben in der Wohnung waren. Irgendwann hörte ich im Treppenhaus Schritte und die Stimme meines Vaters, ich stürzte im Schlafanzug zur Tür, riss diese auf, um meine Eltern in Empfang zu nehmen. Allerdings war der Anblick, der sich mir da bot, alles andere als schön: Links stand mein Vater, rechts unser Nachbar, in der Mitte befand sich meine Mutter, die von den beiden gestützt werden musste. Ich stürzte sofort wieder ins Bett, denn dieser kurze Eindruck reichte mir. Meine Mutter, die nur noch in der Lage war, ein komisches und ekelhaftes Lachen von sich zu geben und sich offensichtlich dermaßen ins All geschossen hatte, dass sie nicht einmal mehr in der Lage war, ein paar Treppenstufen selbstständig gehen zu können. Es folgte das altbekannte Ritual. Meine Mutter und mein Vater verschwanden im Schlafzimmer, wo mein Vater meine Mutter nach allen Regeln der destruktiven Konfliktführung die Meinung hustete. Auch meine Mutter gab nichts Neues von sich, sie wiederholte gebetsmühlenartig und mit sehr, sehr schwerer Zunge, dass sie doch gar nichts getrunken hätte und im Grunde doch stocknüchtern sei.

Neben diesen Eskalationen gab es auch viele Situationen mit weitaus weniger dramatischen Koordinationsproblemen. War meine Mutter „nur" leicht angeheitert, dann musste sie sich abstützen. Es gab auch Situationen, in denen sie sich den Telefonhörer verkehrt herum ans Ohr hielt; diese Situationen hatten sogar eine unfreiwillige Komik inne. Schlussendlich kann ich mich auch noch gut daran erinnern, dass meine Mutter des Öfteren der Länge nach hinfiel, wenn ihr Blutalkoholgehalt bedrohliche Ausmaße annahm. Ich möchte hier noch einmal rekapitulierend einfügen, dass meine Mutter aufgrund ihres Schlaganfalls per se gehandicapt war. Und wenn nun mit so einem Handicap auch noch unverhältnismäßig viel Alkohol getrunken wird, dann ist eben die Wahrscheinlichkeit des unfreiwilligen Hinfallens ungleich höher als im nur-angetrunkenen Zustand und ohne Handicap. Das Stürzen im alkoholisierten Zustand barg jedoch bei meiner Mutter noch eine ganz besondere Gefahr in sich: Da sie aufgrund ihrer schweren Vorerkrankung regelmäßig blutverdünnende Medikamente einnehmen musste, setzte sie sich permanent einer extremen Gefahr aus. Ein unkontrollierter Sturz auf den Kopf kann nämlich zu Hirnblutungen führen, die letztendlich den Tod bedeuten. Ich kann bereits schon an dieser Stelle vorwegnehmen, dass eben so ein Sturz zum frühen Tod meiner Mutter führte. Obwohl sie sehr oft im alkoholisierten Zustand hingefallen ist, war meine Mutter bei dem Sturz, der letztendlich zu ihrem Tod führte, nüchtern – dies nennt man wohl bittere Ironie des Schicksals.

*In der Literatur werden fünf Erscheinungsformen des Alkoholismus differenziert, nämlich den **Konflikttrinker**, den **Gelegenheitstrinker**, den **Suchttrinker**, den **Spiegeltrinker** und schließlich den **Episodentrinker**.*

Für den **Konflikttrinker** *(Alpha-Alkoholiker) ist das Trinken in Konfliktsituationen charakteristisch. Hier besteht eine relativ geringe psychische Abhängigkeit von Alkohol. Die Trinkgewohnheiten des Konflikttrinkers gelten zwar als undiszipliniert, jedoch ist er in konfliktarmen Zeiten durchaus zu längerer Abstinenz fähig. In Zeiten, die von (starken) Konflikten geprägt sind, nutzt der Konflikttrinker die befreiende Wirkung des Alkohols. Hier wird im Allgemeinen noch nicht von Alkoholikern, sondern nur von Trinkern gesprochen. Alpha-Alkoholismus kann jedoch eine Vorstufe zum Suchttrinken darstellen und somit im weiteren Verlauf gefährlichere Formen annehmen.*

Beim **Gelegenheitstrinker** *(Beta-Alkoholiker) sind die Trinkanlässe meistens sozial motiviert. Es wird in diesem Zusammenhang auch vom Verführungstrinken gesprochen, hierdurch kommt zum Ausdruck, dass der Betroffene durch sein Umfeld zu übermäßigem Alkoholkonsum verleitet wird. Exemplarisch dafür können Berufe in der Gastronomie oder im Baugewerbe angeführt werden, in denen dem angesprochenen Trinkmuster große Bedeutung zukommt. Des Weiteren können Cliquen oder auch Vereine angeführt werden, in denen der regelmäßige Alkoholkonsum „einfach dazu gehört", man denke hier nur an das sogenannte „Vorglühen" vieler Jugendlicher. Vorglühen bedeutet nichts anderes als zu Hause im kleinen Kreis schon einmal Alkoholika zu konsumieren, bevor es „auf die Piste" geht. Die Begrifflichkeit des Vorglühens ist mir übrigens auch aus meiner Jugendzeit noch hinlänglich bekannt. Die Gelegenheitstrinker weisen ebenfalls keine Merkmale physischer oder psychischer Abhängigkeit auf. Allerdings besteht auch bei ihnen die Gefahr, dass ihr Trinkverhalten lediglich eine Vorstufe zum Sucht- oder Gewohnheitstrinker darstellt.*

Beim **Suchttrinker** *(Gamma-Alkoholiker) liegt eine starke physische und psychische Abhängigkeit vor. Etwa zwei Drittel aller Trinker in der Bundesrepublik Deutschland werden als Suchttrinker klassifiziert. Die Abhängigen verfallen aufgrund der psychischen Abhängigkeit wiederholt in schwere Rauschzu-*

stände, da sie nicht mehr in der Lage sind, ihren Alkoholkonsum mengenmäßig zu steuern. In kurzen Zwischenphasen ist der Suchttrinker jedoch auch zur Abstinenz fähig. Etwas zeitverzögert kommt zur psychischen Abhängigkeit auch noch die physische Abhängigkeit, die zu den klassischen Entzugserscheinungen, z.B. Tremor, führt und eine Steigerung der Alkoholtoleranz bedingt.

*Der **Spiegeltrinker** (Delta-Alkoholiker) zeichnet sich zunächst durch eine starke psychische Abhängigkeit aus. Er muss kontinuierlich einen bestimmten Alkoholspiegel halten, um keine Entzugserscheinungen zu verspüren. Der entscheidende Unterschied zum Suchttrinker ist, dass der Spiegeltrinker nicht zwangsläufig in schwere Rauschzustände verfallen muss. Er ist zwar zur Abstinenz unfähig, behält jedoch stets die Kontrolle über sein Trinkverhalten. Der Spiegeltrinker und der Suchttrinker können als Alkoholiker bezeichnet werden.*

*Der **Episodentrinker** (Epsilon-Alkoholiker) wird im Volksmund auch gern als Quartalssäufer tituliert. Sein Trinkverhalten wird durch phasenweise auftretendes, unwiderstehliches Verlangen nach Alkohol gekennzeichnet. In diesen Phasen kommt es zu schweren Rauschzuständen, da der Episodentrinker seinen Alkoholkonsum nicht (mehr) kontrollieren kann. Zwischen den einzelnen Suchtphasen kann der Episodentrinker durchaus ein unauffälliges Trinkverhalten oder gar Abstinenz an den Tag legen. Die sogenannten trockenen Phasen können einen Zeitraum von Wochen oder sogar von Monaten annehmen.*

Ich selbst habe große Probleme, meine Mutter in eines der vorab kurz skizzierten Raster zuzuordnen. In negativer Abgrenzung kann ich sagen, dass sie weder Episoden-, noch Spiegel-, noch Gelegenheitstrinker gewesen ist. Am ehesten passt zu ihr der Konflikttrinker. Ursächlich hierfür mag die schwere Erkrankung meiner Mutter gewesen sein und die daraus resultierende körperliche Behinderung. Wie sehr eben dies an ihrem

Ego nagte, hat meine Mutter mir mal unter Tränen eingestanden. Ich vermute, dass es noch andere Konflikte gab, die in ihrer Kindheit zu finden waren. Dies möchte ich hier jedoch nicht weiter beleuchten, da es sich hierbei um wirkliche Mutmaßungen handelt. Charakteristisch für den Konflikttrinker ist jedoch, dass er immer die Kontrolle über sein Trinkverhalten behält, dies konnte ich bei meiner Mutter nicht immer beobachten, da es genug Situationen gab, in denen sie sich in einen schweren Rausch trank. Dazu passt mehr der Suchttrinker. Jedoch kann ich hier ebenfalls nicht frank und frei sagen, dass ich meine Mutter als Suchttrinkerin ansehen würde. Es passt hier der schon eben erwähnte Kontrollverlust, jedoch konnte ich zu keiner Zeit bei ihr eine zunehmende physische Abhängigkeit beobachten.

Vielleicht gibt es ja auch nicht *die* Kategorie für *den* Alkoholiker. Es mag ja durchaus sein, dass es Trinker bzw. Alkoholiker gibt, die sich sowohl in der einen als auch der anderen Erscheinungsform des Alkoholismus wiederfinden.

In diesem Zusammenhang soll das Trinkverhalten von Frauen nähere Betrachtung erfahren, wobei hier weniger das eigentliche Trinkverhalten fokussiert wird, sondern vielmehr die Ursachen der Abhängigkeit in den Vordergrund gestellt werden.

*Zum einen gibt es die **Frauen vom Typ 1**. Sie sind im Regelfall verheiratet und haben ein gutes Verhältnis zu ihren Kindern. Häufig leiden diese Frauen schon lange unter Problemen mit sich selbst oder ihrem Partner. Der Zugang zum Alkoholkonsum erfolgt erst in relativ späten Lebensjahren, das heißt zwischen dem 25. und den 35. Lebensjahr. Ursächlich für den Alkoholkonsum war ein konkretes Erlebnis bzw. eine konkrete Lebenskrise. Die Abhängigkeit zum Alkohol entwickelt sich dann relativ rasch. Diese Frauen haben meistens ein geringes Selbstwertgefühl und leiden an schweren Schuldgefühlen.*

Frauen vom Typ 2 *hingegen lassen sich schon im frühen Mädchenalter zum Alkoholkonsum verleiten. Alkohol und ge-*

*meinsame Trinkexzesse gehören hier zum allgemeinen Lebens-
gefühl. Bei diesen Frauen dauert es im Regelfall lange, bis sich
eine Abhängigkeit entwickelt. Ihre berufliche Laufbahn ist un-
beständig und meistens leben diese Frauen in zerrütteten Ver-
hältnissen.*

Hier bereitet es mir so gut wie keine Probleme, meine Mutter dem ersten Typus Frau zuzuordnen. Sie hatte durch ihre
schreckliche Krankheit ein prägendes Erlebnis, das sie für den
Rest ihres Lebens begleitete. Dies ist jedoch in meinen Augen
nur eine Facette, die dieses Phänomen bei meiner Mutter er-
klärbar macht. Alle weiteren von mir hier angestellten Vermutungen wären nichts weiter als populäre Psychologie. Und wenn
wir an dieser Stelle mal alle Kontrollverluste, psychische oder
physische Abhängigkeiten außen vor lassen, dann kann ich mit
Fug und Recht feststellen, dass meine Mutter zu viel gesoffen
hat. Punkt.

Kapitel 7: Erwachsen und doch nicht erwachsen

Nachdem ich meine Berufsausbildung und meinen Zivildienst beendet hatte fing ich ganz vorsichtig an, flügge zu werden. Ich begann mein Studium in Göttingen, das sich immerhin 120 Kilometer von den elterlichen Gefilden entfernt befindet. Für meine körperliche Präsenz bedeute dies, dass ich „nur" noch an den Wochenenden bzw. in den Semesterferien zu Hause war. Ich habe somit keineswegs mein persönliches Fluchtprogramm perfektioniert, indem ich einfach den Problemen Daheim *dauerhaft* den Rücken kehrte, ich kehrte nämlich den Problemen nur *temporär* den Rücken. Auf der einen Seite genoss ich sichtlich die neuen Freiheiten, die mir das Studentenleben bot. Ich genoss auch die Tatsache, dass mir unter der Woche etwaige Konfrontationen mit meiner alkoholisierten Mutter erspart blieben. Auf der anderen Seite freute ich mich auch jedes Mal, wieder in das heimische Nest fahren zu können. Ergänzend muss ich hier noch hinzufügen, dass meine Schwester mittlerweile schon ausgezogen war. Obwohl sie zum gegebenen Zeitpunkt bereits volljährig war, war ihr Auszug ein mittelschwerer Skandal innerhalb unserer Familie, denn man zog nicht einfach so und ohne triftigen Grund aus! Was sollten denn da die Leute denken? Ich kenne bis heute nicht die eigentlichen Motive, die meine Schwester zum Auszug bewogen haben, ich kenne ebenso wenig die Gedanken der Leute. Ich weiß nur, dass relativ schnell wieder alles seinen gewohnten Gang annahm. Obwohl die Spieler andere räumliche Positionen eingenommen hatten, behielt jeder Antagonist brav seine Rolle bei.

Hinsichtlich des Verdrängens und des „Nichtwahrhabenwollens" fällt mir noch eine kleine Geschichte aus dieser Zeit ein. Irgendwann während meines Studiums traf ich auf irgendeiner Feier einen alten Schulfreund von mir. Wir tranken zusammen Bier, wir unterhielten uns und dann schwenkte das Gespräch rein zufällig auf das Thema Mütter. Ich erinnere mich nicht mehr daran, wie wir seinerzeit auf das Thema Mütter gekommen sind, ich kann mich auch nicht mehr daran erinnern, in welchem Zusammenhang wir über Mütter diskutierten. Jedenfalls meinte mein alter Schulfreund im Verlaufe des Gesprächs in Bezug auf seine Mutter: „...die ist derzeit wieder mal am Saufen...". Er sagte wortwörtlich „saufen"! Ich kann mich noch sehr gut daran erinnern, dass ich ziemlich schockiert gewesen bin. Es war weniger die Tatsache, dass da noch ein weiterer Alkoholiker unfreiwillig geoutet wurde, es war weniger die Tatsache, dass man auch hier von einer gutbürgerlichen Familie sprechen konnte, sondern es war vielmehr das Vokabular, das mein Freund benutzte, was mich ein wenig aus der Bahn warf. Wie konnte ein hoch gebildeter Mensch nur so etwas über seine Mutter sagen? Wie konnte er das überdies noch derart unflätig von sich geben? Es war zu diesem Zeitpunkt schon ziemlich spannend, dass ich in diesem Augenblick für mich komplett ausblendete, dass bei uns zu Hause haargenau dasselbe Thema vorherrschte. Die korrekte Entgegnung auf die Aussage meines Kumpels wäre gewesen: „Mensch, meine Mutter säuft auch!" Jedoch war es hier zum wiederholten Mal der Alkohol, welcher seinen moralischen Zeigefinger erhob und mir mahnend ins Ohr flüsterte: „Über so etwas spricht man nicht in der Öffentlichkeit! Sei ein braver Bub und gehe nicht auf die Äußerungen deines Freundes ein sonst setzt es was!"

In meinem sechzehnten Lebensjahr unternahm ich auch meine ersten alkoholischen Gehversuche. Es war zu dieser Zeit unheimlich cool, ein Bier in der Hand zu halten. Es war auch unheimlich cool, sich mit Freunden in der Kneipe zu treffen, um dort ein Bierchen zu trinken. Gleichwohl muss ich an dieser Stelle feststellen, dass es weder meine Freunde noch ich zu dieser Zeit mit dem Alkoholkonsum übertrieben haben. Ich kann mich auch noch sehr gut daran erinnern, dass mir meine Eltern zu Weihnachten ein ganz besonderes Geschenk überreichten. Ich war seinerzeit 17 oder 18 Jahre alt, während dieser Zeit waren bei uns Jugendlichen „Werner"-Comics ziemlich angesagt. Die Comicfigur „Werner" trank unheimlich gern

Flensburger Bier. Im dritten oder vierten Band des Comics ließ der Erschaffer dieser Comicfigur seinen Protagonisten eigenes Bier brauen und trinken, nämlich das „Werner"-Bier. Eben dieses Bier war auch kurze Zeit später im Handel erhältlich. Lange Rede – kurzer Sinn, meine Eltern schenkten mir zu Weihnachten einen Kasten „Werner"-Bier. Ich habe mich damals sehr über dieses Präsent gefreut. Es war immerhin das Bier einer Comic-Kultfigur und zudem signalisierte mir dieses Geschenk, dass ich nun wirklich in den erlauchten Kreis der Erwachsenen angekommen war.

Beim Schreiben dieser Zeilen dieses Kapitels sehe ich dies im Nachhinein ein wenig differenzierter. Heute frage ich mich beispielsweise, weshalb man denn nun einem Menschen, der gerade mal volljährig ist, zu Weihnachten einen Kasten Bier schenken muss – auch wenn dieses Geschenk nur ein Gag sein sollte? Ich kann diese Frage sogar noch ausweiten und einfach mal in den Raum werfen, weshalb man zu Weihnachten, Geburtstagen etc. überhaupt Alkohol verschenken muss? Und mal ganz offen und ehrlich: Eine sorgsam eingepackte Flasche Bullenschluck ist nicht unbedingt ein heißer Anwärter für den Nobelpreis der außergewöhnlichen Kreativität! Ich versuche nur die Situation, die mir seinerzeit widerfahren ist, das heißt einen Kasten Bier zu Weihnachten geschenkt zu bekommen, auf mich selbst zu projezieren. Ich bin fest der Ansicht, dass ich allergrößtes Bauchgrummeln hätte, meinen beiden Nichten zu ihrer Volljährigkeit einen Karton Sekt zu schenken. Ich möchte hier keineswegs mit der ganz großen moralischen Keule durch dieses Kapitel marschieren. Ich denke, dass es sogar gut ist, wenn Heranwachsende ihre ganz persönlichen Erfahrungen und meinetwegen auch Reichsparteitage mit dem Alkohol machen. Strikte Verbote erhöhen hier nur noch den Anreiz, es mit dem Alkohol einfach doch mal auszuprobieren. Es ist jedoch in meinen Augen auch reichlich widersinnig, auf die Gefahren unverhältnismäßigen Alkoholkonsums aufmerksam machen zu wollen und quasi unisono eben dieses Verhalten durch entsprechende Geschenke noch zu fördern. Resümierend kann ich also in Bezug auf dieses besondere Weihnachtsgeschenk festhalten, dass in meinem Elternhaus ein ziemlich unverkrampfter Umgang mit Alkohol vorherrschte. Ich kann dies selbstverständlich auch kritischer formulieren: Es herrschte in Bezug auf Alkohol in meinem Elternhaus ein sorgloser und unkritischer Umgang vor.

Da ich nun ganz offiziell Alkohol zu mir nehmen durfte, änderte sich auch mein Verhalten als Co-Alkoholiker. Allerdings änderte sich dieses Verhalten nicht zum Positiven, sondern es nahm noch viel groteskere Züge an. Wie bereits erwähnt war ich mittlerweile nur noch am Wochenende bzw. während der Semesterferien zu Hause. Mein Vater arbeitete häufig auch während der Wochenenden im Keller, wo sich sein Büro befand. Diese Zeiten wurden von meiner Mutter und mir oft und gern genutzt, um in schönster Regelmäßigkeit Wein zu trinken. Oftmals fragte mich meine Mutter dann: „Wollen wir einen Schluck Wein trinken?". Dieser Einladung leistete ich dann gern Folge. Hier muss ich jedoch sagen, dass allein die pointierte Formulierung ihrer Frage Bände sprach: „Wollen wir einen *Schluck* Wein trinken?" Hier hätte wohl ein jeder eingewilligt, denn was ist schon an einem Schluck Wein auszusetzen? Überflüssig zu erwähnen, dass meine Mutter hier nicht den Schluck im wahrsten Sinne des Wortes meinte, sondern vielmehr im übertragenen Sinne. Aus diesem Grund wäre auch die korrekte Frage gewesen: „Wollen wir gemeinsam eine Flasche Wein austrinken?". Das klingt zwar wesentlich dramatischer, kommt aber der eigentlichen Wahrheit deutlich näher!

Auch hier möchte ich etwaigen Irritationen und Fehlinterpretationen vorbeugen und mich nicht päpstlicher darstellen als der Papst: Selbstverständlich hat mir der Wein gut geschmeckt und selbstverständlich konnte man sich bei zwei oder drei Schoppen Wein recht angenehm und angeregt unterhalten, selbstverständlich löste sich auch meine Zunge und selbstverständlich habe auch ich nach einer halben Flasche Wein so einen ganz leichten, angenehmen Küsel in meinem Kopf verspürt. Vielleicht war ich zu dieser Zeit aber auch ganz selbstverständlich auf einem sehr guten Weg, den Pfad des guten Co-Alkoholikers zu verlassen, um endlich auch ein guter Protagonist, das heißt Alkoholiker, zu werden.

Neben den genannten Gründen, weshalb ich regelmäßig mit meiner Mutter Wein konsumierte, gab es noch einen recht obskuren Grund, weshalb ich dies tat. Wenn ich gemeinsam mit ihr trank und somit ihr Trinkverhalten kontrolliere, dann ist das immer noch besser als würde sie heimlich und allein trinken. Diese Motivation ist selbstverständlich mehr als krank, denn das bedeutet ja letztendlich, dass ich einen Alkoholiker mit Alkohol kontrolliere. Das ist ungefähr genauso unsinnig als würde ich einem Hund zwei Knochen hinwerfen und ihm sagen, dass er den einen heute und den anderen morgen essen soll!

Das Co-Alkoholiker-Spiel wurde somit nicht beendet, sondern vielmehr intensiviert. Es kam sogar eine Erweiterung des Spiels hinzu, die ich hier kurz beschreiben möchte. Beim Aufteilen der Flasche Wein zwischen meiner Mutter und mir kam es in aller Regelmäßigkeit zu einem Konflikt, denn es blieb immer genau ein Glas in der Flasche übrig. Es entbrannte also eine Art Wettkampf zwischen meiner Mutter und mir, wer sich denn nun das letzte Glas aus der Flasche einschenken durfte. Meine Mutter hat sich diesen „Wettkampf" immer mit einem sportlich-verschmitzten Grinsen angesehen. Sie fand es niedlich, wenn die imaginäre Schlussglocke ertönte und wir beide nun bestrebt waren, an das besagte letzte Glas zu kommen. Ich hegte bei diesem Spiel jedoch noch eine andere Motivation, die vor dem Hintergrund des vorab beschriebenen nicht verwundern mag. Ich war ziemlich bestrebt, mir das letzte Glas einzuschenken, denn jedes Glas, das ich mir einschenkte, konnte meine Mutter nicht trinken! Ich wollte sie gewissermaßen vor dem unverhältnismäßigen Alkoholkonsum bewahren.

Die Logik dieses Spiel stand jedoch auf ziemlich wackligen Füßen. Irgendwann kam nämlich mein Vater aus seinem Keller und begrüßte meiner Mutter und mich immer mit denselben Worten: „Na, seid ihr schonwieder am Saufen?"In seiner Frage klang durchaus ein gewisses Augenzwinkern mit, jedoch war ebenso der Vorwurf, den er mit dieser Frage aussprach, unüberhörbar. Jedoch wiegte der Vorwurf aus seinem Munde nicht sonderlich schwer, denn es gehörte zu diesem Ritual, dass er nach kurzer Zeit wieder in den Keller ging, um eine weitere Flasche Wein zu holen. Hier verabschiedete ich mich normalerweise, da meine Eltern unter sich sein wollten. Es kam durchaus vor, dass noch eine dritte Flasche Wein entkorkt wurde. Hier nahmen sowohl mein Vater als auch ich die Rolle des Verbindungsmanns ein, das heißt wir waren hier nichts weiter als willfährige Botenjungen, die meine Mutter mit Alkohol versorgten (siehe auch Kapitel 4).

Dieses kollektive Trinkverhalten, das ich gerade beschrieben habe, war in meiner Familie durchaus normal. Es war normal, das auch unter der Woche am Abend die Flasche Wein auf dem Tisch stand. Es war auch durchaus üblich, dass eine zweite Flasche Wein hinzukam oder dass statt Wein auch mal Schnaps getrunken wurde. Auch hier möchte nicht über Gebühr dramatisieren oder einen falschen Eindruck aufkommen lassen. Ich beschreibe hier keineswegs ein organisiertes Besäufnis, das mein Vater, meine Mutter und gegebenenfalls auch ich zelebrierten. Ich möchte hier nur einen regelmäßigen Alkoholkonsum beschreiben, den ich im Rückblick als viel zu viel erachte. Es ist jedoch umso erstaunlicher, dass ich mir über die Menge und die häufigen Zeitpunkte, an denen in meiner Familie Alkohol konsumiert wurde, keinerlei Gedanken machte. Ganz vereinfacht gesagt muss ich sagen, dass diese Situation für mich vollkommen normal war, da ich schließlich nichts anderes kannte. Heute weiß ich, dass es durchaus denkbar ist, ein Glas Wein zu trinken und die Flasche danach wieder zu verkorken. Ich denke, dass ich hier ein ganz generelles Problem angesprochen habe, denn wer will mir denn sagen, was denn nun normales Trinkverhalten ist? Und wo genau liegt die Grenze? Wann genau wird denn aus meinem normalen Trinkverhalten ein bedenkliches Trinkverhalten? Im Rahmen meiner Sozialisation hat mich darüber niemand aufgeklärt, ich selbst musste mir eben dies erst mehr oder weniger mühsam selbstständig erarbeiten. So wusste ich bereits relativ früh, dass das Trinkverhalten meiner Mutter nicht der Norm entsprach und sie sich zu oft in einem (stark) angetrunkenen Stadium befand. Es war für mich jedoch früher vollkommen normal, mit relativ jungen Jahren einen Kasten Bier von meinen Eltern zu Weihnachten geschenkt bekommen zu haben. Dies sehe ich heute vollkommen anders. Es war für mich auch vollkommen normal, dass die Flasche Wein zum Ausklang eines Abends einfach dazugehörte und dass alkoholfreie Abende vom Prinzip her die absolute Ausnahme darstellten. Es war für mich ebenfalls absolut normal, dass eine einmal entkorkte Flasche wie selbstverständlich auch ausgetrunken wurde. Diesbezüglich denke ich heute auch anders, jedoch war dieses Andersdenken (leider Gottes) ein langsamer Lernprozess.

Ebenso ungewöhnlich war es für mich bei meiner Frau zum ersten Mal zu beobachten wie sie eine Flasche mit einem Drittelliter Bier zu Hälfte austrank, diese wieder verschloss, um den Rest am darauffolgenden Abend zu trinken. Diese neue Erfahrung war für mich zwar auf der einen Seite ungewöhnlich, auf der anderen Seite aber auch sehr angenehm!

Kapitel 8: Das Spiel mit der Klosterfrau

Bereits im letzten Kapitel habe ich erwähnt, dass ich nunmehr nur noch an den Wochenenden bzw. während der Semesterferien zu Hause war. Trotz oder vielleicht sogar wegen aller Unzulänglichkeiten, die mich Daheim erwarteten, kam ich immer wieder gern in die heimatlichen Gefilde zurück. Um kein eindimensionales Bild von meiner Mutter zu zeichnen möchte ich hier abermals betonen, dass meine Mutter per se eine herzensgute Frau war, die nur einen großen Fehler hatte: Es fiel ihr enorm schwer, nein zu sagen. Dieses Nein fehlte ihr auch offensichtlich im Umgang mit dem Alkohol. Es mag durchaus sein, dass dieses Manko, nicht nein sagen zu können, ein weiteres Puzzlestück darstellt, das den Alkoholismus meiner Mutter erklärbarer macht.

Exemplarisch für meine Stippvisiten Daheim an den Wochenenden möchte ich hier das Klosterfrau-Spiel anführen. Ein weiteres und definitiv unlustiges Spiel, das ich als Co-Alkoholiker mit meiner Mutter (zu) häufig spielte. Rekapitulierend möchte ich damit beginnen, dass meine Mutter vormittags heimlich trank. Überdies konzentrierte sie dabei ihren Konsum auf Klosterfrau-Melissengeist. Ich habe bis heute keinen blassen Schimmer wofür oder wogegen dieses Zeug eigentlich ist. Ich weiß nur, dass es dieses Zeug in unterschiedlichen Flaschengrößen zu kaufen gibt und dass dieser Kram mächtig viel Alkoholgehalt hat. Soweit ich mich richtig erinnern kann, hat meine Mutter immer die 0,2-Liter Fläschchen bevorzugt, wobei sie den Melissengeist immer mit Wasser verdünnt getrunken hat.

Es gab durchaus auch Zeiten, in denen meine Mutter vormittags vom Einkaufen kam und zu Hause die Flachmänner aus ihrer Einkaufstasche gefallen sind. Das kam jedoch ziemlich selten vor und ich hatte das Gefühl, dass meine Mutter relativ schnell und nachhaltig zu Klosterfrau-Melissengeist wechselte. Ich glaube, dass mit dieser Entscheidung, das heißt fürderhin

Klosterfrau-Melissengeits zu trinken, der Alkohol nun vollends seine Siegesflagge hissen konnte. Nun konnte meine Mutter immer von sich behaupten, dass sie nur Medizin zu sich genommen hat. Sie konnte jedes noch so undisziplinierte Melissengeistsaufen damit erklären, dass sie nur ihr derzeitiges Unwohlsein medikamentös behandelt hat. Des Weiteren kann so eine Flasche Klosterfrau-Melissengeist auch mal problemlos oben im Einkaufswagen liegen und muss nicht wie die kleinen Flachmänner unter der Tageszeitung versteckt werden. Dies sind übrigens keine wilden Mutmaßungen, die ich hier anstelle, sondern Tatsachen. Mir wurde nach dem Tod meiner Mutter von dritter Seite bestätigt, dass sie ihren Melissengeistkonsum in der Tat mit den vorab genannten Scheinargumenten legitimierte.

Seltsamerweise wurde auch ich durch den intensiven Melissengeistkonsum meiner Mutter dermaßen stark auf diesen ekeligen Fusel konditioniert, dass ich an den geringsten Kleinigkeiten merkte, ob meine Mutter wieder am Vormittag Melissengeist trank oder auch nicht. Eine extrem unangenehme Sache, die sich quasi in mein Hirn einbrannte, war der Geruch von Klosterfrau-Melissengeist. Ich glaube nicht, dass meine Mutter damit in der Küche irgendwie großartig herum kleckerte, sie schraubte lediglich das Fläschchen auf, gab etwas Melissengeist in ein Wasserglas, verdünnte dies mit Wasser und trank es aus. Dies schien jedoch schon vollkommen auszureichen, um über die ganze Küche in eine ekelerregende Klosterfrau-Melissengeist-Dunstglocke zu stülpen. Noch heute habe ich bisweilen das Gefühl, dass mir immer noch eine Art Restgeruch Melissengeist in den Nasenflügeln hängt. Und noch heute fällt es mir schwer, meine Würggeräusche zu verbergen, wenn ich Melissengeist in meine Nase bekomme. Der unangenehme Geruch in der Küche war somit mein erster Indikator dafür, dass meine Mutter mal wieder heimlich soff.

Es gab jedoch noch einen anderen Hinweis, der mir unmissverständlich zu verstehen gab, dass bereits am Vormittag "mal wieder etwas im Busche" war. Dieses Merkmal war auch viel subtiler als der penetrante Geruch von Melissengeist in der Küche. Da ich Student war, musste ich mich am Wochenende von meinem harten Studentenleben ausruhen und blieb deshalb samstags bis ca. 10 Uhr im Bett liegen. Meine Mutter hingegen war schon immer ziemlich früh auf den Beinen. Wenn ich nun noch im Bett liegend hörte, dass der Wasserhahn in der Küche in relativ kurzen Abständen hintereinander immer für etwa 2-3 Sekunden lang betätigt wurde, dann konnte ich mit an Sicherheit grenzender Wahrscheinlichkeit sagen, dass meine Mutter mal wieder am Saufen war. Sie verdünnte nämlich ihren Melissengeist.

Wenn ich nun wahrnahm, dass meine Mutter beispielsweise in den Keller ging, dann nutzte ich ihre kurze Abwesenheit und eilte in die Küche, um meine Vermutung zu bestätigen. Hierzu musste ich einfach den letzten Küchenschrank öffnen, denn ich wusste, dass im untersten Regal die Flasche Klosterfrau-Melissengeist nebst Schnapsglas stehen würde. Hinsichtlich der Auswahl ihrer Verstecke erwies sich meine Mutter als nur sehr begrenzt kreativ. Im Regelfall entdeckte ich am besagten Ort ein Fläschchen von diesem Zeug. Wenn dies der Fall war, dann wurde eine neue Klaviatur des Alkoholiker-Spiels gespielt, denn nun geschah unglaubliches.

Die Fakten lagen mehr als eindeutig auf der Hand bzw. standen auf dem untersten Regal des äußeren Küchenschranks: Hier das Schnapsglas mit einer winzigen Neige, die noch nach Melissengeist roch und dort das eigentliche corpus delicti, das heißt die angebrochene Flasche Klosterfrau-Melissengeist. Ich stellte jedoch nun meine Mutter nicht zur Rede, ich konfrontierte sie nicht mit dem, was ich gesehen hatte, ich stellte ihr keine unangenehmen Fragen, ich tat etwas viel unglaublicheres. Ich goss einfach einen großen Teil aus dem Fläschchen in den Ausguss, füllte die ursprüngliche Fehlmenge wieder mit Leitungswasser auf und stellte die Flasche Melissengeist an ihren alten Platz zurück.

Und nun muss die alles entscheidende Frage gestellt werden: Weshalb ließ ich mich zu derart komischen Aktionen hinreißen? Ich habe noch heute keinerlei Ahnung, ob meine Mutter etwas von diesem Spiel mitbekommen hat oder nicht. Fakt ist, dass sie sich dazu niemals äußerte. Wozu auch? Aus welchen Gründen hätte sie zu mir kommen und mich mit der Mutmaßung konfrontieren sollen, dass ich ihr Wasser in ihren Klosterfrau-Melissengeist gefüllt hätte? Damit hätte meine Mutter sich ja buchstäblich selbst ins Knie geschossen. Ich vermute einfach mal, dass auch sie dieses komische Spiel relativ schnell durchschaut hatte, denn wenn ich „richtig gut" drauf war ersetzte ich bisweilen ihren kompletten Melissengeist durch Leitungswasser. Im Nachhinein ist es sogar wahrscheinlich, dass meine Mutter aus diesem Spiel als Gewinnerin hervorging. Ich denke, dass sie sich im Vorfeld gut bevorratet hatte und dann einfach einen geschmacklosen Melissengeist durch einen hochprozentigen eintauschte. Vielleicht hat sie sich in solchen Fällen auch einfach eine neue Flasche gekauft. Ich vermag es nicht genau zu sagen, ich mutmaße hier nur!

Nun wissen wir aber immer noch nicht, weshalb ich dermaßen komisch reagierte, wenn ich Klosterfrau-Melissengeist im Küchenschrank entdeckte. Ich denke, dass es hierfür zwei wesentliche Gründe gab. Für eine direkte Konfrontation fehlte mir seinerzeit einfach der Mut. Zum anderen wollte ich die heimliche Sauferei meiner Mutter am frühen Vormittag nicht einfach so hinnehmen und wollte ihr mit meiner „heimlichen Sanktion" einfach die Freude am Saufen vermiesen, indem ich ihr die gewünschte Wirkung ihrer Medizin einfach verwehrte. Es ist fast überflüssig zu erwähnen, dass ich mit meiner Aktion das Eine definitiv nicht erreicht habe. Ich habe keine Verhaltensänderung bei meiner Mutter herbeiführen können.

Und so ist es leider zu erklären, dass wir beide dieses Spiel noch sehr viele Jahre gespielt haben. Meine Mutter stellte ihren Klosterfrau-Melissengeist in den Küchenschrank, um ihn sukzessive am Vormittag auszutrinken. Ich hingegen schüttete ihn aus und ersetzte ihn durch Leitungswasser. Was für ein Heidenspaß. Wir beide spielten dieses Spiel, ohne dass jemand Regeln aufgestellt hätte und ohne dass einer von uns beiden auch nur einen Ton von sich gegeben hat. Ich habe in den Absätzen vorab gemutmaßt, dass meine Mutter wohl irgendwie als Gewinner aus diesem vermaledeiten Spiel hervorgegangen ist, da sie wahrscheinlich doch irgendwie an ihr benötigtes Quantum hochprozentigen Alkohols gekommen ist. Ich muss hier aber betonen, dass es sich nur um einen Gewinner im Rahmen dieses Spiels handelte. Grundsätzlich hat dieses Verhalten nichts weiter als Verlierer produziert. Der eine Verlierer (ich) kämpfte gegen Windmühlen, indem er viel Energie verplemperte und genau nichts erreichte (das Prinzip „Hamsterrad"), und der andere Verlierer (meine Mutter) tat das, was er schon Jahrzehnte praktizierte: es wurde einfach weiter gesoffen!

Es ist wohl niemand von jetzt auf sofort Alkoholiker. Alkoholismus ist eine langsame und schleichende Krankheit und es können durchaus bis zu 15 Jahre vergehen, bis sich diese Krankheit nach außen offenbart. Idealtypisch kann der Alkoholismus in verschiedene Phasen aufgeteilt werden, nämlich in eine präalkoholische Phase, in eine Prodomalphase, eine kritische Phase und in eine chronische Phase.

Während der **präalkoholischen** *Phase wird Alkohol vornehmlich im Rahmen von geselligen Anlässen zu sich genommen. Selbst wenn einer der Beteiligten mal „über die Stränge" schlagen sollte, kann hier noch nicht von echter Abhängigkeit gesprochen werden. Dieses gelegentliche Geselligkeitstrinken kann jedoch der Einstieg für eine lange Trinkerkarriere sein. Bedrohliche Signale sind, wenn die berauschende Wirkung des Alkohols als besonders erleichternd empfunden wird. Somit kann das gelegentliche Erleichterungstrinken schnell zu einem Gewohnheitstrinken degenerieren. Überdies wird im Zeitablauf durch das regelmäßige Trinken die Toleranzgrenze für den Alkohol nach oben verlagert. Das heißt, dass immer mehr Alko-*

hol konsumiert werden muss, damit sich die gewünschten Effekte einstellen.

*In der **Prodomalphase** hält sich das Trinkverhalten des Betroffenen durchaus noch im tolerierten Rahmen. Es kann sogar durchaus sein, dass der Alkoholkonsum vom Umfeld bagatellisiert wird. Im Zeitablauf wird dem Betroffenen jedoch bewusst, dass sich sein Trinkverhalten außerhalb der gesellschaftlich akzeptierten Norm befindet. Er fängt an, sein Alkoholkonsum vor seinem sozialen Umfeld zu verheimlichen. Auf Feiern oder Zusammenkünften nutzt der Betroffene Momente des Alleinseins, um schnell ein paar Schlucke ohne das Wissen der anderen zu sich zu nehmen. In diesem Zusammenhang kommt es auch zu einer abnehmenden Fähigkeit zur Abstinenz. Der Betroffene ist zwar noch in der Lage, kurze Phasen ohne Alkohol zu durchleben, jedoch werden nach diesen kurzen Abstinenzphasen die ersten Schlucke besonders gierig zu sich genommen. Ein Teufelskreis beginnt: Die Unfähigkeit zur Abstinenz ruft Schuldgefühle hervor, der unverhältnismäßig hohe Alkoholkonsum verstärkt das schlechte Gewissen, es wird somit weiter und mehr getrunken. Kennzeichnend für die Prodomalphase ist auch, dass der Betroffene auf Anspielungen zum Thema Alkohol ausweichend oder gar aggressiv reagiert. Bereits in dieser Phase können Gedächtnislücken auftreten.*

*In der **kritischen Phase** wird immer mehr die Kontrolle über das Trinkverhalten verloren. Der Betroffene verliert bereits nach dem ersten Schluck die Beherrschung und trinkt weiter bis zur vollkommenen Betrunkenheit. Der Alkoholiker konstruiert sich selbst ein Rechtfertigungsgebäude für sein Trinkverhalten und redet sich ein, dass er mit der Trinkerei bei Wegfall der Gründe jederzeit aufhören könne. Der Alkoholiker versucht überdies nach bestimmten Regeln zu trinken, z.B. kein Alkohol vor 18.00 Uhr. Er fällt jedoch immer wieder in seine alten Trinkgewohnheiten zurück und verliert damit immer mehr an Selbstachtung. Des Weiteren distanziert sich sein soziales Umfeld immer mehr von dem Betroffenen. Am Ende steht dann die* völlige Isolation. Während dieser Phase konzentriert sich nahezu das ganze Denken des Betroffenen auf den Alkohol. Aus diesem Grund vernachlässigt er nicht nur seine Aufgaben, sondern auch sein Erscheinungsbild. Damit geht der gesundheitliche Verfall einher. Es kommt zu Mangelernährungserscheinungen, da nahezu der komplette Kalorienbedarf über den Alkohol gedeckt wird. Je weiter die Krankheit fortschreitet, desto undisziplinierter wird auch das Trinkverhalten, denn nun kann Alkohol auch durchaus am frühen Morgen bzw. auf nüchternen Magen getrunken werden.

Während der **chronischen Phase** ist der Widerstand des Alkoholikers komplett gebrochen. Er verfällt nun in länger andauernde Rauschzustände. Der soziale Abstieg geht mit einem Verfall der ethischen Werte einher. Lügen, Betrügen und auch Stehlen stehen nun für den Betroffenen auf der Tagesordnung. Überdies kommt es zu erheblichen Gesundheitsstörungen, neben einer Störung des Zentralnervensystems kommt es zu beträchtlichen Gedächtnisstörungen. Die körperliche Abhängigkeit macht sich durch starkes Zittern und psychomotorische Hemmungen bemerkbar. Hier kommt es zu einem weiteren Teufelskreis, denn der Betroffene versucht, die Symptome des Alkoholismus' mit Alkohol zu bekämpfen. Es folgt der totale psychische und physische Zusammenbruch, der nicht selten mit Suizidgedanken verknüpft ist.

Kapitel 9: Ich bin nicht allein

Während meines Studiums sollte ich die Erfahrung machen, dass das Thema (Co-)Alkoholismus leider kein sehr spezielles, sondern vielmehr ein ziemlich generelles Problem ist. Es gab hier Situationen, in denen ich feststellen musste, dass der Alkohol ziemlich weite Kreise zieht und anscheinend vor keiner gesellschaftlichen Schicht zurückschreckt. Von einer ganz konkreten Begegnung will ich im Rahmen dieses Kapitels berichten.

Im Rahmen des Studiums lernte ich viele neue Menschen kennen und ich lernte auch viele Menschen schätzen. Irgendwann während meines Studiums verabredete ich mich auf dem Campus mit einer Kommilitonin, wir wollten uns am selben Abend bei ihr treffen und ein wenig schnacken. Als ich gegen späten Nachmittag nach Hause fuhr, bemerkte ich, dass mein Anrufbeantworter blinkte. Ich drückte den Knopf, um die Nachricht zu hören. Es war meine Schwester, die sagte: „Ruf' mal bitte zurück, bei uns brennt die Fichte!" Ohne genaueres zu wissen konnte ich mir leider Gottes sehr gut vorstellen, um was es sich bei der „brennenden Fichte" handeln würde. Höchstwahrscheinlich war wieder irgendetwas mit meiner Mutter geschehen...nur was? Ich rief umgehend zurück.

Meine Schwester berichtete mir, dass sie mit ihrem Auto im Nachbarort einen leichten Unfall hatte. Ihr war glücklicherweise nichts passiert, sie hatte jedoch einen leichten Schock Die herbeigerufene Polizei war der Ansicht, dass es besser wäre, wenn sich meine Schwester von irgendjemand abholen lassen würde. So wurde meine Mutter angerufen, die meine Schwester mit dem Auto abholte. Bis dato hält sich die Dramatik dieser Geschichte noch in überschaubare Grenzen. Jedoch sollte diese Geschichte eine nicht ganz unerwartete Wendung einnehmen. Dummerweise war nämlich immer noch die Polizei zugegen als meine Mutter meine Schwester mit dem Auto abholte und dummereise entging den wachsamen Beamten auch nicht die

Alkoholfahne meiner Mutter, so dass sie pusten musste. Meine Mutter schrammte damals haarscharf an einer Sanktion vorbei. Seinerzeit gab es hierzulande noch die 0,8-Promillegrenze und meine Mutter hatte damals einen Blutalkoholwert, der sich knapp darunter befand. Meine Schwester berichtete mir weiter, dass alles weitere in relativ normalen, d.h. erschreckenden, Bahnen verlief. Als meine Mutter mit meiner Schwester zu Hause ankam, musste sich meine Schwester ein paar unangenehme Fragen meines Vaters gefallen lassen. Diese Fragen bezogen sich jedoch keineswegs auf den angetrunkenen Zustand meiner Mutter, sondern vielmehr auf den Unfallhergang. Dass meine Mutter noch Restpromille in ihrem Blut hatte, bemerkte er mal wieder nicht. Dass meine Mutter vor der Polizei pusten musste, wurde selbstverständlich unter den Tisch fallen gelassen. Meine Mutter ließ diese Tatsache unter den Tisch fallen, weil sie sich ja nicht ins eigene Fleisch schneiden wollte und meine Schwester ließ dies ebenfalls unter den Tisch fallen, weil sie vermutlich vom König Alkohol just in diesem Moment daran erinnert wurde, doch bitte ein braves Kind zu sein und nichts schlechtes über Mutti zu erzählen! Höchstwahrscheinlich waren wir alle der irrigen Ansicht, dass das System „heile Familie" nur aufrecht erhalten werden kann, wenn wir uns den Spielregeln des Alkoholismus´ unterwerfen. Und für alle die, die jetzt mit einem ungläubigen Kopfschütteln vor diesen Zeilen sitzen: Komischerweise funktioniert dieses System mit diesen Regeln auch – allerdings funktioniert es mehr schlecht als recht.

Zurück zum eigentlichen Geschehen. Nach diesem Telefonat mit meiner Schwester hatte ich ziemlich wenig Motivation, mich mit meiner Kommilitonin zu treffen. Ich wollte mich beileibe nicht unter meiner Zudecke verstecken und mich selbst bedauern, jedoch hatte ich auch keinen Nerv auf ein gemütliches Zusammensein. Leider besaß ich von der besagten Kommilitonin keine Telefonnummer und im Telefonbuch war sie auch nicht zu finden. Deshalb entschied ich mich, ohne mündliche Absage dem verabredeten Termin fern zu bleiben – obwohl dies nicht unbedingt die feine englische Art war.

Etwa eine Stunde nach der verabredeten Uhrzeit klingelte mein Telefon. Am anderen Ende war meine versetzte Verabredung. Aufgrund der Tatsache, dass ich mich bei ihr nicht gemeldet hatte, war meine Kommilitonin auch aus nachvollziehbaren Gründen ein wenig schmallippig. In diesem Augenblick hatte ich seltsamerweise keinerlei Bock auf fadenscheinige Ausflüchte, Mäntel des Verschleierns etc., sondern ich entscheid mich, meiner Mitstudentin reinen Weine einzuschenken (eingedenk der hier geschilderten Problematik ist die Metapher „reinen Wein einschenken" schon etwas gewöhnungsbedürftig). Ich berichtete ihr ohne Umschweife und ohne Beschönigungen von dem, was bei uns zu Hause mal wieder vorgefallen war. Ich erzählte der Kommilitonin auch, dass dies der Grund für mein unentschuldigtes Nichterscheinen gewesen war. Nachdem ich meinen letzten Satz beendet hatte bemerkte ich, dass dies das erste Mal in meinem Leben war, dass ich einer relativ fremden Person gegenüber den Alkoholmissbrauch meiner Mutter derart deutlich und unumwunden thematisiert habe.

Ich kann mich noch sehr gut daran erinnern, dass ich nach Beendigung meines kurzen Monologs vom anderen Ende der Leitung für Sekundenbruchteile zunächst einmal nichts vernahm. Nach der kurzen Pause sagte meine Kommilitonin: „Kann ich noch bei dir vorbeikommen? Ich habe nämlich dasselbe Problem, bei mir ist es mein Vater!" So kam es, dass wir uns doch noch trafen und eine sehr lange Unterhaltung über das Thema Alkohol hatten. Ich kann nicht behaupten, dass wir mit ganz konkreten Ergebnissen aus unserem Gespräch hinausgingen, wir haben auch keine Handlungsstrategien für unser weiteres Vorgehen im Umgang mit dem Alkohol festlegen können. Jedoch kann ich für mich im Nachhinein behaupten, dass es mir einfach sehr gut tat, mich mal so richtig auskotzen zu können. Mir tat es auch sehr gut, dass ich mich mit jemand austauschen konnte, dem die Problematik Alkoholismus (leider Gottes) ebenfalls bestens vertraut war. Ich kann hier nicht für meine Kommilitonin sprechen, jedoch hoffe ich, dass sie ebenso empfunden hatte. Jedoch möchte ich auch die Kehrseite der Medaille beleuchten, denn es blieb durchaus ein kleines „Geschmäckle". So gut es mir tat, mich mit einer direkt Betroffenen austauschen zu können, so erschreckend war für mich die Tatsache, dass der Alkohol augenscheinlich ziemlich weite Kreise gezogen hatte und offensichtlich sehr bestrebt ist, diese Kreise noch auszuweiten. Dies wurde mir bewusst, als ich kurze Zeit später eine ähnliche Begegnung hatte, die ich hier auch noch kurz schildern möchte.

Auf einer Party unterhielt ich mich mit einer Mitstudentin. Obwohl auf Studentenpartys nicht tiefschürfende Themen diskutiert werden, kamen wir beide irgendwie auf die Fragestellung Alkohol zu sprechen. Als ich ihr kurz und knapp schilderte, dass es da in meiner Familie ein Problem mit meiner Mutter geben würde entgegnete sie mir: „Kann ich gut nachvollziehen, mein Vater ist übrigens auch Alkoholiker, nein, er ist Schwerstalkoholiker. Wir waren sogar allesamt beim Arzt und haben ihn gefragt, was wir denn in Bezug auf meinen Vater machen können. Der Arzt hat uns direkt zu verstehen gegeben, dass wir gar nichts machen können, lediglich mein Vater könne etwas tun, nämlich mit dem Saufen aufhören. Des Weiteren hat der Arzt noch gesagt, dass mein Vater vielleicht dann etwas realisieren wird, wenn er irgendwann wortwörtlich in der Gosse aufwachen würde. Und wenn er dann immer noch nichts merken wird, dann wird bald und unweigerlich der Exitus kommen!"

Hier hat sich für mich in knapper und kurzer Weise verdeutlicht, in welchem Konflikt sich das enge soziale Umfeld eines Alkoholikers befindet. Da ist auf der einen Seite die emotionale Bindung, die eng an die Frage gebunden ist „Was kann *ich* denn noch für dich tun?". Auf der anderen Seite steht die ganz rationale Aussage, dass das soziale Umfeld selbst in keinster Weise in der Lage ist, das Verhalten des Betroffenen zu ändern. Und trotz dieser Binsenweisheiten sind höchstwahrscheinlich fast alle Co-Alkoholiker der irrigen Meinung, dass sie sehr wohl in der Lage sind, den Alkoholkranken irgendwie umzupolen. Jedoch werden alle Bemühungen immer dasselbe Resultat aufweisen: Das Trinkverhalten des Alkoholikers wird sich nicht ändern, es ist jedoch sehr wahrscheinlich, dass bald die nächste Eskalationsstufe gezündet wird. Und somit kommt es zu einem sehr unangenehmen Nebeneffekt co-alkoholischen Verhaltens: Dieses Verhalten verbraucht jede Menge Energie, dieses Verhalten wird den Co-Alkoholiker irgendwann selbst auffressen und es ist durchaus denkbar, dass derjenige zu einem späteren Zeitpunkt selbst vor die Hunde geht.

Das Thema Alkohol hat mich während meines Studiums nicht nur indirekt, sondern auch ziemlich direkt begleitet. Dies mag auch nicht sonderlich stark verwundern, denn während eines Vollzeitstudiums wird nicht nur viel gelernt, sondern auch viel gefeiert und niemand wird ernsthaft glauben, dass Studenten nur mit Zitronenbrause und Früchtetee feiern.

Die Rauschwirkung des Alkohols hängt nicht nur von der aufgenommenen Menge, sondern auch von der individuellen Verträglichkeit ab. Die individuelle Verträglichkeit wiederum wird von der seelischen Konstitution, vom Füllzustand des Magens und auch vom Geschlecht determiniert. Im Allgemeinen wird zwischen drei Rauschzuständen unterschieden, nämlich dem leichten, dem mittelgradigen und dem schweren Rausch.

*Es wird von einem **leichten Rausch** gesprochen, wenn der Blutalkoholwert zwischen 0,5 und 1,5 Promille liegt. Ängste, Sorgen und Probleme treten hier in den Hintergrund, denn der Alkohol hat eine entspannende und euphorisierende Wirkung. Des Weiteren fühlt man sich im Stadium des leichten Rauschs seinen Mitmenschen überlegen. Bereits hier kann man von abnehmender Urteilsfähigkeit sprechen. Nun zeigt sich auch die enthemmende Wirkung des Alkohols, denn zurückhaltende Menschen steigern ihre Kontaktfähigkeit, es kann hier auch zu unangemessener Vertraulichkeit bzw. Distanzverlusten kommen.*

Des Weiteren mindern sich bereits bei geringer Blutalkoholkonzentration die Auffassungsgabe und die Konzentrationsfähigkeit. Daneben werden auch die psychomotorischen Fähigkeiten gemindert, d.h. eine Verschlechterung des Seh- und Hörvermögens sowie eine Störung des Gleichgewichtssinns sind zu beobachten.

Bei einem Promillewert zwischen 1,5 und 2,5 spricht man von einem **mittelgradigen** *Rausch. Hier wird insbesondere die dämpfende Wirkung des Alkohols im motorischen Bereich sichtbar. Die Bewegungen der alkoholisierten Person werden träger. Das Reaktionsvermögen nimmt weiter ab und auch der Gefühlszustand wird zunehmend labiler, d.h. er kann sehr schnell zwischen Euphorie und Aggressivität wechseln. Überdies wird die Hemmschwelle weiter gesenkt.*

Bei einer Blutalkoholkonzentration von mehr als 2,5 Promille wird von einem **schweren Rausch** *gesprochen. Der Betrunkene ist nun nicht mehr in der Lage, die Situation richtig einzuschätzen. Dies äußert sich in Angst- und Erregungszustände bzw. auch Desorientierung. Weitere Symptome eines schweren Rauschs sind starke Gleichgewichtsstörungen, Schwindelgefühle und sogar Lähmungserscheinungen. Ein Rausch hat auch mannigfaltige Nachwirkungen, z.B. Erbrechen, Kopfschmerzen, Übelkeit, körperlicher Schwäche etc. Im Volksmund wird dies auch als Kater bezeichnet. Ein Blutalkoholwert von mehr als 4 Promille gilt als lebensbedrohlich, mehr als 5 Promille enden für 90 Prozent aller Betroffenen tödlich.*

Kapitel 10: Die weiten Kreise des Alkohols

Wie bereits im vorangegangenen Kapitel gezeigt, zieht der Alkohol ziemlich weite Kreise in unserer Gesellschaft. Ich möchte an dieser Stelle jedoch den Fokus nicht nur auf die dramatischen Fälle legen, das heißt die Fälle, bei denen Alkoholmissbrauch ein ernstes familiäres Problem ist. Fußnotenartig möchte hier auch kurz rekapitulieren, dass Alkohol schon eine Selbstverständlichkeit in unserem Leben eingenommen hat und dass diese Selbstverständlichkeit anscheinend kaum einmal kritisch hinterfragt wird. Hier haben wir den „Kurzen für die Verdauung" und dort das Pils zum Fußball bzw. das wohlverdiente Feierabendbier. In Bezug auf den Verdauungsschnaps ist es interessant, dass Alkohol und Anregung der Verdauung so viel gemein haben wie Asterix und Ludwig Wittgenstein.

Des Weiteren kann sich ja mal ein jeder dir Frage stellen, ob er sich eine Feierlichkeit, d.h. Geburtstag, Silvester, Hochzeit etc., ohne jeden Alkohol vorstellen kann. Komischerweise ist dies anscheinend undenkbar! Weshalb gibt es so selten alkoholfreie Geburtstage? Weshalb können wir am Wochenende nicht mit guten Freunden um die Häuser ziehen, ohne etwas zu trinken? Wahrscheinlich müssten wir gesunkenen Hauptes stammeln: „Weil sonst irgendwie keine Stimmung aufkommen will!" Mit scharfer Zunge könnte ich hier entgegnen: „Wenn wir schon virtuelle Unterstützung via facebook benötigen, um unserem Ruf als soziales Wesen Rechnung zu tragen, dann können wir ja wenigstens versuchen, auf externe Stimmungsmacher zu verzichten!" Ich möchte nicht dahingehend missverstanden werden, dass ich hier den moralischen Zeigefinger ganz weit nach oben halte. Damit würde ich mich zu weit aus dem Fenster lehnen, weil die vorab gestellten Fragen und Feststellungen für mich dieselbe Gültigkeit haben!

In vino veritas – im Wein liegt die Wahrheit. Diesen Aphorismus kann ich vollinhaltlich unterstützen, denn hier liegt meines Erachtens der einzig wahre Vorteil des Alkoholkonsums.

Wie heißt es so schön? Besoffene und kleine Kinder sagen immer die Wahrheit. Ich denke auch, dass Alkohol Menschen nicht verändert, sondern vielmehr ihre wahren Potenziale freisetzt. So kann ich mich noch gut an einen Schulfreund erinnern, ein lieber, netter und friedfertiger Kerl. Hatte er jedoch etwas getrunken, dann musste jeder in seinem Umkreis tunlichst aufpassen, was er sagte – ansonsten gab es was auf die Mütze. Ich glaube nicht, dass ihn der Alkohol verändert hatte. Ich glaube aber sehr wohl, dass ein gewisses aggressives Grundpotenzial einfach in ihm schlummerte, welches durch den übermäßigen Alkoholgenuss zu Tage gefördert wurde.

Überdies erinnere ich mich noch an meine Zivildienstzeit. Dort arbeitete ich mit einem Kollegen zusammen, mit dem ich mich sehr gut verstanden habe. Dieser Kollege nahm sich jedoch in regelmäßigen Abständen Auszeiten, er war dann einfach 3 bis 4 Tage weg. Der Grund für sein regelmäßiges Verschwinden war Alkoholismus oder genauer gesagt, er war ein Quartalssäufer (siehe dazu auch Kapitel 6). Wie gesagt, ich habe diesen Kollegen sehr geschätzt und habe auch gern mit ihm zusammen gearbeitet. Es kam jedoch eines Tages fast zu einer Eskalation zwischen ihm und mir. Ich absolvierte meinen Zivildienst in einer Werkstatt für geistig Behinderte. Mit dem besagten Kollegen leitete ich eine einwöchige Freizeit für behinderte Mitmenschen in Dänemark. Gleich am ersten Tag gab sich mein Kollege „mächtig die Kante". Da er am späten Abend schon reichlich alkoholisiert war und dadurch motorisch nicht mehr alles so laufen wollte, wie er es sich gedacht hatte, wurde er zusehends ungehaltener. Er schimpfte vor sich hin und blickte irgendwann mich an und meinte: „…und was machst du hier? Du stehst immer nur in der Gegend rum und sagst kein Wort!" Da ich von der ganzen Situation ziemlich genervt war, entgegnete ich: „Was soll ich denn sagen, du redest doch die ganze Zeit!" Als ich dies sagte, blickte ich in zwei ziemlich aggressiv funkelnde Augen und mein Kollege raunte mir mit schmalen Lippen zu: „Hau ab! Sieh bloß zu, dass du Land gewinnst!" Ich habe seinerzeit seinem Appell Folge geleistet. Hätte ich in dieser Situation etwas erwidert oder hätte ich ihm gar „einen Spruch an den Kopf geworfen", dann wäre diese Situation eskaliert. Dass ich mit diesen Mutmaßungen gar nicht so unrecht haben sollte, wurde mir später von einer Kollegin bestätigt: „Ja, ich kann mich noch gut daran erinnern, dass ich mit Detlef (Anm.: auch diesen Namen habe ich selbstverständlich geändert) auf einer zweitägigen Weiterbildung war. Abends hat er in der Kneipe mächtig was getrunken und wollte dann eine Schlägerei anzetteln. Nur mit ganz viel Mühe konnten wir ihn davon abhalten!" Wie ich bereits gesagt habe: Nach meinem Dafürhalten setzt Alkohol Potenziale frei. Ich denke, dass ein Lamm unter Alkoholeinfluss niemals zum reißenden Wolf wird und umgekehrt. Der Vollständigkeit halber möchte ich noch erwähnen, dass meinem Kollegen ca. ein Jahr später gekündigt wurde. Mir sind die Gründe dafür zwar bekannt, jedoch möchte ich sie hier nicht konkretisieren. Nur so viel: Der Alkohol hat maßgeblich zur Beendigung seines Arbeitsverhältnisses beigetragen.

Ich möchte hier auf gar keinen Fall einen leidenschaftlichen Appell zu absoluter Abstinenz starten. Jeder sollte sich nur immer fragen, wie viel für ihn gut ist. Jeder sollte sich fragen, wo die Grenze ist, bei dessen Überschreitung es für ihn selbst und für andere peinlich wird. Nur der Vollständigkeit halber möchte ich erwähnen, dass auch ich liebend gern mal ein Bier zur Champions League oder zur Bundesliga-Zusammenfassung trinke. Hier liegt die Betonung jedoch auf „mal", denn ich kann genug Fußballübertragungen aufzählen, bei denen ich Mineralwasser getrunken habe. Die hohe Kunst hierbei ist, die vorabgestellten Fragen (mindestens) sich selbst gegenüber ehrlich zu beantworten. Sobald ich in Bezug auf meinen Alkoholkonsum Sätze mit den folgen Worten beginne: „Wenn ich will, dann könnte ich schon morgen…", dann bin ich entweder schon Alkoholiker oder ich befinde mich auf einem sehr guten Weg dorthin. Denn mit diesem Satz hat eine ganz entscheidende Phase eingesetzt, nämlich die Selbstverleugnung! Das Eine sollte und muss jedem bewusst sein: Wenn ich mich in einer kritischen Phase befinde und in meinem Leben die Weichen auf „Alkoholiker" gestellt werden, dann haben Halbwahrheiten und Lügen in Bezug auf den persönlichen Alkoholkonsum zweierlei Effekte: Das persönliche Umfeld wird mit Lügen konfrontiert – das ist ziemlich schlimm und kann zum Verlust der einen oder anderen Freundschaft führen. Zum anderen belügt sich der (angehende) Alkoholiker selbst – das ist nicht nur ziemlich schlimm, das ist sogar katastrophal, denn mit dem Verlust der Selbstachtung ist eine wunderbare Basis für die nun folgende Säuferkarriere gelegt.

In diesem Zusammenhang soll und darf meine Studentenzeit nicht unerwähnt bleiben. Als guter Student ist man selbstverständlich bestens mit Feiern und somit auch mit Alkohol vertraut. Während dieser Zeit ist der Alkoholkonsum auch zu unchristlichen Zeiten durchaus legitimiert. Ich kann nun wirklich nicht sagen, dass das Bier am frühen Vormittag der Regelfall war. Jedoch kann ich mich noch gut daran erinnern, dass ich nach der letzten Klausur mit einem Kommilitonen um 11.00 Uhr vormittags bei einem Hefeweizen das Semesterende einläutete. Ich muss noch einschränkend erwähnen, dass wir nicht jede Fete, die stattfand, mitgenommen haben. Aber wir haben während unserer Studentenzeit mehr gefeiert als üblich. Es war trotz der vielen Feiern schon recht auffällig, dass es auf diesen Feiern nicht nur ziemlich viele angetrunkene Studenten gab, sondern auch stets die „üblichen Verdächtigen", die sich sprichwörtlich mit Alkohol ins All schossen.

Hier kann ich mich noch sehr gut an Paul erinnern. Paul war nicht nur ein sehr witziger und liebenswerter Mitstudent, er war darüber hinaus noch ein ziemlich pfiffiger Kerl. Neidvoll musste ich damals erkennen, dass sich Paul lediglich ein paar Stunden vorher auf Klausuren vorbereitete und trotz dieser spärlichen Vorbereitung immer richtig gute Ergebnisse ablieferte. Paul hatte nur ein Defizit, wenn man dies überhaupt als Defizit titulieren darf. Paul war etwas zu kurz geraten. Er war zwar nicht kleinwüchsig, jedoch irgendwie gefühlte 15 Zentimeter zu klein. Vielleicht war es das, was tief in ihm nagte und vielleicht war dies ein Grund, weshalb Paul auf den Studentenfeten so lange soff, bis es ihm sprichwörtlich die Füße unter dem Boden wegriss.

Das Trinkverhalten von Paul fiel selbstverständlich allen auf, jedoch verhielten wir uns alle wieder als mehr oder weniger gute Co-Alkoholiker. Da gab es den Kommilitonen Bernd, der in seiner etwas altklugen Art Paul auf einer Fete Trinkregeln auferlegte: „Heute trinkst du maximal drei Bier!" Ein gut gemeinter Ratschlag, jedoch war Bernd im Club der Co-Alkoholiker voll integriert. Da er Paul nicht die ganze Zeit beobachten konnte und wollte, war seine Regel nicht das (virtuelle) Papier wert, auf dem sie stand. Somit soff Paul auf dieser Party wieder mal so viel bis er irgendwann, irgendwo in einer Ecke lag. In seinem weiteren co-alkoholischen Umfeld tummelte sich auch Armin. Armin war fast zwei Köpfe größer als Paul und mindestens doppelt so schwer. Als Paul wieder mal auf einer Fete mit vollgepisster Hose in der Ecke lag, wurde er von Armin einfach über die Schulter gelegt und nach Hause getragen. Auch hier kann man dem beteiligten Co-Alkoholiker nun schwerlich eine böse Absicht unterstellen. Jedoch bargen diese hilflosen und gut gemeinten Aktionen nur eine Botschaft in sich: Paul, es funktioniert alles! Auch hier hatten wir wieder ein fragiles und beschissenes System, das trotz seines bedrohlichen Wackelns durch Stabilität glänzte. Ich stellte mir mit meinem damaligen Mitbewohner oft die Frage, was wohl mit Paul passieren würde, wenn er den Schutzmantel der Universität verlässt und ins Berufsleben einsteigt. Wer wird ihn dann nach einer Betriebsfeier nach Hause tragen? Eine Antwort auf diese Frage haben wir nie erhalten, denn wir haben diese Frage nur uns selbst und nicht Paul gestellt…was sicherlich sinnvoller gewesen wäre.

Zusammenfassend kann ich also sagen, dass sich meine Mutter zu jeder Zeit in „guter" Gesellschaft befand. Ich glaube sogar, dass es fast keinen Menschen in diesem Land gibt, der behaupten kann, dass er keine(n) Alkoholiker kennt. Die eben erwähnte „gute" Gesellschaft meine ich in Bezug auf meine Mutter sogar im wahrsten Sinne des Wortes: Allein in der unmittelbaren Nachbarschaft meiner Eltern wohnen bzw. wohnten drei Alkoholiker. Ich spreche hierbei nur von den Alkoholikern, die mir bekannt sind. Vielleicht sind es noch mehr.

Kapitel 11: Co-alkoholische Kommunikation

Im Zeitablauf legte ich meine Hemmungen, den Alkoholismus meiner Mutter zu thematisieren, mehr oder weniger ad acta. Ich denke, dass ich jedoch meiner Mutter gegenüber immer noch der Co-Alkoholiker war, der trotz Kommunikation brav seine Rolle beibehielt. Das heißt, dass das Problem zwar angesprochen wurde, jedoch blieb alles beim Alten. Exemplarisch für die missglückte Kommunikation möchte hier eine Begebenheit schildern, die sich ebenfalls während meines Studiums zugetragen hat.

Es waren Semesterferien, ich jobbte damals bei einem Automobilproduzenten in der Produktion, wohnte aber im elterlichen Horst. Hier ergab sich eines Tages eine Konstellation die unglücklicher nicht hätte sein können. Der Alkoholpegel meiner Mutter hatte am Vormittag wieder einmal nicht akzeptable Dimensionen eingenommen. Des Weiteren hatte sich um die Mittagszeit ein Monteur angekündigt, der in einem mehr oder weniger guten freundschaftlichen Verhältnis zu meinen Eltern stand. Er sollte im Keller des Hauses meiner Eltern irgendetwas an der Heizung reparieren. Wie es der blöde Zufall bestimmte, hatte dummerweise eben dieser Monteur just zu diesem Augenblick ein familiäres Problem, das hier nicht weiter beleuchtet werden soll. Und dummerweise hatte auch eben dieser Monteur ein nicht zu unterschätzendes Alkoholproblem, was unter anderem zum mehrmaligen Verlust des Führerscheins führte. Man führe sich diese Situation doch einmal plastisch vor Augen: Oben saß meine stark angetrunkene Mutter, die mehr schlecht als recht versuchte, ihren Haushalt auf die Reihe zu bekommen. Unten im Keller saß der Heizungsmonteur, dem wegen seiner familiären Sorgen Tränen über die Wange kullerten. Es saß in unserer Kellerbar vor einem halbvollen Glas Weinbrand und beweinte sich und alles Elend dieser Welt. Ich hingegen war der einzig Nüchterne in dieser Szenerie und pendelte wie ein Huhn ohne Kopf zwischen den beiden Säufern hin und her. Allein von der geballten Dunstfahne der beiden hatte ich zu diesem Zeitpunkt unter Garantie schon 0,5 Promille intus.

Doch damit war es noch nicht getan. Um die Mittagszeit öffnete sich die Haustür und meine Schwester kam zu Besuch.

Das Verhältnis zwischen meinen Eltern und meiner Schwester war zu dieser Zeit ein wenig angespannt. Ich denke, dass meine Eltern ihr den spontanen Auszug aus dem Elternhaus immer noch übel nahmen. Rückblickend muss ich sagen, dass es von meinen Eltern wesentlich mutiger gewesen wäre, meine Schwester nicht mit Vorwürfen zu bombardieren, sondern vielmehr mit Fragen. Ich denke, dass die bohrende Frage „Aus welchen Gründen genau willst du denn ausziehen?" so manch interessante Antwort zu Tage gebracht hätte. Jedoch denke ich auch, dass gerade meine Mutter diese Frage mied wie der Teufel das Weihwasser, denn eben diese hätte unter Umständen Wahrheiten ans Tageslicht gebracht, die vornehmlich meine Mutter nicht hätte hören wollen. Ergänzend muss ich noch hinzufügen, dass nicht nur der spontane Auszug meiner Schwester auf Missfallen stieß, sondern dass zudem noch der damalige Freund meiner Schwester Anlass zu ermüdenden und lauten Diskussionen gab.

So geschah es auch diesen Tag. Meine Schwester hatte kaum die Schwelle der Haustür übertreten, da überschüttete meine Mutter sie (aus welchen Gründen auch immer) lallend und mit schwerer Zunge mit Vorwürfen, die den damaligen Freund meiner Schwester betrafen. Meine Schwester selbst reagierte damals so gut wie gar nicht, da sie wahrscheinlich schon beim Aufschließen der Haustür bemerkt hatte, was mit unserer Mutter mal wieder los war. Nach der Vorwurfsarie entschwand meine Schwester kurz in ein anderes Zimmer. Ich folgte ihr und fragte sie: „Na, was sagst du denn zum dem, was dir Mama gerade gesagt hat?", im Nachhinein muss ich selbstkritisch sagen, dass das zum gegebenen Zeitpunkt eine reichlich dämliche

Frage gewesen ist. Meine Schwester antwortete nur kurz und knapp: „Voll gewesen – toll gewesen!"

Mit diesen Worten machte sie sich dann auch wieder aus dem Staub und entschwand. Ich merkte zu diesem Zeitpunkt, dass meine Schwester mit diesem kurzen, knappen Satz die schreckliche Wahrheit quasi auf den Punkt gebracht hatte. Ich merkte aber auch, dass genau diese Wahrheit für mich immer noch ziemlich grausam und unvorstellbar war, kurz gesagt: Genau das wollte ich in diesem Augenblick nicht hören! Ich hatte zwar mittlerweile das Alkoholproblem meiner Mutter im Freundeskreis zaghaft thematisiert, jedoch fiel es mir immer noch schwer, eben diesen auch zu akzeptieren.

Als schließlich auch der betrunkene Heizungsmonteur das Weite gesucht hatte, setzte ich mich mit meiner Mutter zusammen, um mit ihr zu sprechen. Wenn ich mich recht erinnere, dann war dies das erste Mal, dass ich direkt mit meiner Mutter über das Thema Alkohol sprach.

Wir saßen gegen Nachmittag in der Stube zusammen und redeten. Bei meiner Mutter flossen reichlich Tränen. Sie verleugnete zunächst ihren Alkoholkonsum und gab an, dass sie auch am heutigen Tage nichts getrunken hätte, vielleicht ein bis zwei Bier, aber nicht mehr. Erklärungs- und Verharmlosungsversuche wie sie hilfloser nicht sein können. In diesem Zusammenhang wies sie aber auch immer wieder unter Tränen auf ihre körperliche Behinderung hin. Ich tröstete sie und gab ihr zu verstehen, dass sie ja trotz ihres körperlichen Handicaps unglaublich agil sein. Dies war übrigens nicht nur so dahergeredet, ich war in der Tat der Ansicht, dass meine Mutter trotz ihrer Behinderung so manch einem nicht-behinderten Mitmenschen als Vorbild dienen konnte. Des Weiteren mahnte ich selbstverständlich das Trinkverhalten meiner Mutter an, dies aber nur sehr verklausuliert und durch die Blume gesprochen. Zugleich zeigte ich auch jede Menge Verständnis für ihre Situation.

Fazit: Für mich war dies ein sehr anstrengendes und kräftezehrendes Gespräch, dennoch ging ich mit einem sehr guten Gefühl aus diesem Gespräch. Ich war stolz auf mich, endlich mal ihren Alkoholkonsum thematisiert zu haben. „Dieses Problem dürfte jetzt wohl gelöst sein!", so dachte ich damals. Heute ist mir bewusst, dass ich mich mit diesem Gespräch keinen Millimeter aus dem Sumpf des Co-Alkoholismus´ heraus bewegte. Warum? Ganz einfach, denn das Ergebnis des Gesprächs lässt sich in ein paar Sätzen wiedergeben. Meine Mutter war nach wie vor der festen Überzeugung, dass sie ja gar nicht trinken würde. Zwar wurde ihr Trinkverhalten ganz sanft und liebevoll angemahnt, jedoch bekam sie auch ganz viel Verständnis für ihre missliche Lage. Welche Botschaft kommt dann wohl bei dem Betroffenen an? Die Botschaft lautete in diesem Fall: Mein Umfeld findet mein Trinkverhalten zwar doof, jedoch hat es auch vollstes Verständnis! Des Weiteren sollte sich noch am selben Abend bewahrheiten, dass ich immer noch ein sehr guter Co-Alkoholiker war.

Nun kam es zu einer Szene, die wohl den traurigen Höhepunkt meiner Co-Alkoholikerkarriere darstellte. Rückblickend frage ich mich sogar, ob ich zu diesem Zeitpunkt irgendwie „out of order" gewesen bin. Als sich die emotionalen Wogen des Gesprächs geglättet hatten saßen meine Mutter und ich am frühen Abend im Wohnzimmer. Mein Vater war zu diesem Zeitpunkt noch nicht zu Hause. Meine Mutter war wieder einigermaßen klar im Kopf und fragte mich auf einmal: „Wollen wir einen Schluck Wein trinken?" Ich willigte bereitwillig ein, holte eine Flasche Wein aus dem Keller und entkorkte diese auch sogleich. Dies ist wohl das perverseste Spiel, was der Alkohol mit mir getrieben hatte. Höchstwahrscheinlich hatten meine Mutter und ich damals in diesem Augenblick denselben Gedanken: „Nun ist ja alles auf den Tisch gekommen, das können wir ja bei einem Glas Wein besiegeln, das haben wir uns ja schließlich verdient!"

Man führe sich das ganze Szenario doch abermals vor Augen: da ist ein Alkoholiker, der auf sein Trinkverhalten angesprochen wird und schon 3-4 Stunden später trinkt derjenige, der das Fehlverhalten des Betroffenen angesprochen hat, mit eben diesem zusammen Alkohol. Ich glaube, so etwas wird landläufig „den Teufel mit dem Beelzebub austreiben" genannt. Trotz vermeintlich klarer Worte und trotz einer gewissen Reife waren wir immer noch mitten in dem Spiel, das wir eigentlich alle möglichst schnell verlassen wollten. Es sollte noch ein wenig andauern, bis das Spiel von meiner Seite beendet wurde. Dazu mehr im nächsten Kapitel.

Nachfolgend ein kleiner Selbsttest. Mit Hilfe dieser Fragen könnt ihr einschätzen, ob ihr co-alkoholisches Verhalten zeigt oder nicht. Die Fragen beziehen sich hier auf euren Partner, sind aber natürlich übertragbar auf Freunde, Kollegen, Familienmitglieder etc.

1. *Haben Sie schon häufiger zu Hause mit ihm/ihr getrunken, damit er/sie nicht in der Wirtschaft versackt?*
   ja   nein

2. *Fühlen Sie sich stark, wenn der/die Abhängige sich schwach fühlt?*
   ja   nein

3. *Werden Sie von der Verwandtschaft/Nachbarschaft gelobt, weil Sie so tapfer sind?*
   ja   nein

4. *Fühlen Sie sich zum Lügen und Decken von Unregelmäßigkeiten gezwungen, weil Sie Ihren Partner nicht ausliefern wollen?*
   ja   nein

5. *Hängen Ihre Gefühle sehr stark von der Situation des Partners ab?*
   ja   nein

6. *Kümmern Sie sich um alles, weil der Partner/die Partnerin es nicht mehr kann?*
   ja   nein

7. *Haben Sie Angst, der Abhängige könnte aggressiv wer-*

den, wenn Sie mit ihm/ihr über Alkohol sprechen?

ja   *nein*

8. *Vermeiden Sie es, mit anderen über das Trinkproblem ihres Partners zu sprechen?*

ja   *nein*

9. *Haben Sie Ihrem Partner schon einmal mit Scheidung gedroht, weil er so viel trinkt?*

ja   *nein*

10. *Ärgern Sie sich, weil Ihr Partner ihre Ermahnungen nicht ernst nimmt?*

ja   *nein*

11. *Wünschen Sie sich manchmal den Tod Ihres Partners?*

ja   *nein*

12. *Haben Sie häufiger das Gefühl, dass Sie gegen den alkoholabhängigen Partner machtlos sind?*

ja   *nein*

13. *Haben Sie häufiger schon Drohungen, die Sie dem Betroffenen gegenüber ausgesprochen haben, nicht wahrgemacht oder vergessen?*

ja   *nein*

14. *Haben Sie das Gefühl, dass der Alkohol eine immer wichtigere Rolle in Ihrer Partnerschaft spielt?*

ja   *nein*

15. *Übernehmen Sie zunehmend Aufgaben, die eigentlich Ihr Partner noch ausführen könnte?*

ja   *nein*

16. *Nehmen die Trennungsgedanken zu oder feste Formen an?*

ja   *nein*

17. *Sind Sie in letzter Zeit häufiger deprimiert und verzweifelt, weil sich am Trinkverhalten Ihres Partners nichts ändert?*

ja   *nein*

18. *Sind Sie wegen psychosomatischer Beschwerden in ärztlicher Behandlung?*

	ja	*nein*

19. *Wissen Sie manchmal nicht, woher Sie das Geld für den Haushalt nehmen sollen?*

ja nein

20. *Wechseln Ihre Gefühle für den Partner häufiger zwischen tiefem Hass und großer Liebe?*

ja nein

21. *Haben Sie das Gefühl, dass Ihr Partner noch tiefer abrutscht, wenn Sie ihn verlassen?*

ja nein

22. *Wissen Sie nicht mehr, wie es weitergehen soll, weil Sie so verzweifelt sind?*

ja nein

Zählt am Ende zusammen, wie oft ihr „Ja" geantwortet habt. Wenn dies mehr als 8 Mal der Fall ist weist ihr Züge co-alkoholischen Verhaltens auf.

Kapitel 12: Spielende

Das leidige Spiel, von dem ich hier einige Fragmente wiedergegeben habe, dauerte über 35 Jahre an. Mehr als ein Vierteljahrhundert gab es Antagonisten, die sich zumindest im Nachhinein als Co-Alkoholiker beschimpfen können und mehr als 35 Jahre gab es die Protagonistin in diesem Spiel. Diese war meine Mutter, die Alkoholikerin und die gute Frau, die nicht nein sagen konnte. Während dieser Zeit ist viel passiert, aus Kindern wurden erwachsene Leute, es wurden neue Berufe angefangen, die Rentenpapiere vorbereitet und auch wieder neue Kinder geboren. Es hatte sich im Laufe der Zeit viel getan, es hatte sich sogar sehr viel getan. Das einzige, was durchgehend konstant blieb, waren unsere Rollen als Co-Alkoholiker. Somit wäre es auch müßig, an den folgenden Stellen weitere Begebenheiten niederzuschreiben, die die hässliche Fratze des Alkohols beschreiben. Ob nun noch eine vollgepinkelte Hose dazu kommt oder ein weiteres Delirium skizziert wird, das Resultat ist und bleibt sowieso immer dasselbe. Auf der einen Seite der Alkoholiker und auf der anderen Seite die Co-Alkoholiker. Sicherlich, ich könnte noch genug Beispiele aufzählen, jedoch münden alle diese Begebenheiten schlussendlich in einen ermüdenden und ergebnislosen Sumpf.

Aus diesem Grund möchte ich in diesem Kapitel nun beschreiben, wie ich mich aus diesem Spiel verabschiedete und meinen Weg als Co-Alkoholiker beendete. Mit zunehmenden Lebensjahren zog meine Mutter die Krankheiten förmlich auf sich. Dabei handelte es sich nicht um harmlose Erkältungen, sondern um lebensbedrohliche Erkrankungen. So erkrankte meiner Mutter damals an Brustkrebs. Aus einer unangenehmen Vermutung („Da ist was in meiner Brust, was da nicht hingehört!") wurde nach mehreren Gängen zu diversen Ärzten inklusive einer Fehldiagnose brutale Gewissheit: Brustkrebs! Es folgte eine Operation und danach eine Chemotherapie sowie diverse Bestrahlungen. Ich kann mich noch gut daran erinnern, wie dreckig es meiner Mutter nach den Chemotherapien ging. Ich möchte es hier einmal ganz unumwunden und direkt niederschreiben. Sie kotzte sich im wahrsten Sinne des Wortes die Galle aus dem Leib. Noch nie habe ich in meinem Leben ein dermaßen schlimmes Würgen gehört!

Alles in allem hielt meine Mutter sowohl die Chemotherapie als auch die Bestrahlungen recht tapfer durch. Jedoch konnten wir auch immer häufiger eine mehr oder weniger starke Fahne bei ihr bemerken. Ich selbst befand mich mittlerweile im Referendariat und besuchte meine Eltern häufiger mit meiner Freundin am Wochenende. Bereits vor einiger Zeit hatte ich mit meiner Schwester vereinbart, dass wir keinen Alkohol trinken werden, wenn wir bei unseren Eltern zu Besuch waren. Diese Regel galt sowohl für uns als auch für unsere Lebenspartner. Meiner Schwester und mir war sehr wohl bewusst, dass wir mit dieser Regel keine Änderung des Trinkverhaltens meiner Mutter herbeiführen werden, denn wenn sie trinken wollte, dann hatte sie ja auch in der Vergangenheit getrunken. Meine Schwester und ich wollten lediglich den Alkoholmissbrauch meiner Mutter nicht mehr aktiv unterstützen. Aus diesem Grund wollten wir uns nun auch sichtbar beim Trinken ausklinken.

Eines Abends besuchten meine Freundin und ich meine Eltern. Es war sommerlich warm und schon dunkel. Da wir unseren Besuch vorab nicht angekündigt hatten, trafen wir damals „nur" meinen Vater auf der Terrasse an. Dies war nichts ungewöhnliches, da meine Mutter zeitlebens immer gern früh ins Bett gegangen ist. Da sie sich überdies noch mitten in der Chemotherapie befand wunderte uns es nicht, dass sie sich schon ins Bett gelegt hatte. Wir gesellten uns zu meinem Vater auf die Terrasse und unterhielten uns ein wenig mit ihm. Ich hatte einen Stoß Papier unter meinem Arm, da ich noch Kopien für mein Referendariat anfertigen wollte.

Plötzlich und unerwartet kam meine Mutter auf die Terrasse, nein, meine Mutter kam nicht auf die Terrasse, sie wankte auf die Terrasse. Es war schon eine gute Zeit her, dass ich meine

Mutter dermaßen neben der Spur gesehen hatte. Um es ganz deutlich zu sagen, sie war sturzbesoffen. Eine halbwegs normale Kommunikation war mit meiner Mutter nicht mehr möglich. Sie war für nichts mehr empfänglich, was wir ihr erzählten. Es war auch vollkommen egal, was wir ihr erzählten, meine Mutter gab sowieso immer nur den einen Satz von sich. Sie schaute meine Freundin an und sagte: „Hol' doch mal eine Flasche Wein aus dem Keller! Du willst doch auch einen Schluck Wein trinken!" Diese Aufforderung verneinten wir gebetsmühlenartig. Nein, es wird heute keinen Wein geben. Zumindest wird es keinen Wein geben, den einer von uns beiden aus dem Keller geholt hat! Selbstverständlich wollte meine Mutter das nicht akzeptieren, sie beharrte darauf, dass meine Freundin Wein aus dem Keller holen sollte. Mit zunehmenden Wiederholungen wurde meine Mutter auch immer penetranter. Ich habe in diesem Augenblick nicht mehr meine Mutter gesehen, die „einen Schluck" Wein trinken wollte, sondern nur noch eine armselige Kreatur, die auf Knien darum bettelte, dass ihr endlich jemand etwas hochprozentiges bringen möge. Der Vollständigkeit halber möchte ich hier noch erwähnen, dass meine Mutter auf keinen Fall den Wein allein aus dem Keller hätte holen können, da sie dazu motorisch definitiv nicht mehr in der Lage war.

Irgendwann wurde mir das Gejammer um den Alkohol zu viel. Ich hatte keinen Bock auf diese ganze armselige Szenerie, so dass ich mich entschied, meine Kopien anzufertigen. Mit reichlich Wut im Bauch stieg ich die Kellertreppe zum Kopierer meines Vaters herunter. Als ich etwa die Hälfte der Kopien angefertigt hatte, hörte ich auf einmal Schritte hinter mir. Ich schaute mich um und erblickte meine Freundin, wie sie mit einer Weinflasche in der Hand aus dem Weinkeller kam. „Deine Mutter will unbedingt, dass ich einen Wein hoch hole!", sagte sie zu mir. Nun hatte es meine Mutter also doch geschafft! Ich möchte es hier ganz deutlich sagen, dass ich meiner Freundin zu keiner Zeit einen Vorwurf gemacht habe. Meine Mutter hatte sich einfach instinktiv das schwächste Glied in der Kette herausgesucht. Sie wusste, dass sie mit ihrer Bitte nach einer Flasche Wein bei mir auf Granit biss. Aus diesem Grund suchte sie einen willfährigen Zulieferer, den sie in Person meiner Freundin gefunden hatte.

Den kurze Rest des Abends kann mit einem Wort wiedergegeben werden: hochnotpeinlich! Meine Mutter hatte endlich ihren Willen bekommen. Endlich konnte sie sich mit ihrem geliebten Wein vollends ins All schießen. Sie schlief auf ihrem Terrassenstuhl permanent ein und war noch nicht einmal in der Lage, sich den Wein selbst einzuschenken. Sie goss sich gierig so viel Wein ins Glas, so dass es überlief und sich der Rest über den Tisch ergoss. Ein Tischspringbrunnen für Alkoholiker! Ich hatte an diesem Abend nur noch ein großes Bedürfnis: Ich wollte hier so schnell wie möglich weg! Ich kann mich noch ziemlich gut daran erinnern, dass ich recht lange brauchte, um wieder einigermaßen runter zu kommen. Diese grausame Fratze des Alkohols wird mir ziemlich lange in böser Erinnerung bleiben.

Etwas später kam ich dann zu einer Erkenntnis, diese Erkenntnis war ziemlich banal, jedoch war sie auch an Bitterkeit kaum zu übertreffen. Meine Mutter hatte sich keineswegs über den überraschenden Besuch von uns gefreut. Unterhaltungen, Austausch, Klatsch und Tratsch, persönlicher Kontakt, alles das interessierte meine Mutter kein Stück! Sie war lediglich hoch erfreut darüber, dass nun ein Grund zum Saufen anwesend war. Und wenn ich diese Erkenntnis mit einem Satz auf mich persönlich beziehe, dann sieht dieser Satz wie folgt aus: Ich war nichts weiter als ein blöder Grund zum Saufen! Und mit mächtig viel Emotionen möchte ich noch anfügen, dass es doch im Regelfall (leider) mehr Gründe zum Besaufen gibt als eigene Kinder!

Den nächsten Tag im Studienseminar ging es mir richtig schlecht. Der vorherige Abend hatte ein ziemlich nachhaltiges Bild bei mir hinterlassen. Immer wieder sah ich die Bilder meiner volltrunkenen Mutter vor Augen. Während der ersten Vormittagspause meldete ich mich bei meinem Fachleiter krank und fuhr mit dem Zug in Richtung meiner Eltern. Ich bezeichne mich durchaus als Menschen, der eine relativ stabile Physis hat, jedoch hatte ich im Zug das erste Mal in meinem Leben das Gefühl, als würde ich gleich in Ohnmacht kippen. Mit so einem Gefühl fuhr ich also zu meiner Mutter. Ich wollte und konnte das Geschehene nicht einfach unkommentiert im Raum stehen lassen. Ich musste meine Mutter abermals zur Rede stellen!

Als ich mein Elternhaus erreichte bemerkte ich, dass mein Vater nicht zu Hause war. Ich hatte also Glück, denn ein aufbrausendes HB-Männchen war nun das Letzte, was ich jetzt gebrauchen konnte. Das Gespräch, das ich mit meiner Mutter führte, kann ich an dieser Stelle mit ruhigem Gewissen nur holzschnittartig wiedergeben, denn das Ergebnis des Gesprächs war wie immer: enttäuschend! Ich hielt meiner Mutter zunächst vor, dass sie am gestrigen Tag permanent einschlief, dass sie immer wieder meine Freundin aufforderte, Wein zu holen und dass sie selbst gar nicht in der Lage war, sich Wein ins Glas einzuschenken. Meine Mutter sah dies selbstverständlich komplett anders. Sie schob ihr eigenartiges Verhalten auf die Medikamente, die sie im Rahmen ihrer Krebstherapie nehmen musste und wollte auch gar nicht so recht die Aufregung verstehen, die ich verbreitete. Es schien also so, dass ich wieder mal so gehen würde wie ich gekommen bin. Doch darauf hatte ich genau in diesem Augenblick keinen Bock mehr!

Als die Haustür ins Schloss fiel und ich mich zum Gehen abwendete war für mich klar, dass hier und heute für mich Schluss ist. Viel zu oft bin ich als Co-Alkoholiker gekommen und als Co-Alkoholiker wieder gegangen. Heute sollte sich dies ändern, denn alle Faktoren, die zu diesem Gespräch mit meiner Mutter geführt hatten, standen nun auf einmal vor meinem geistigen Auge. Zum wiederholten Mal verleugnete meine Mutter ihr Alkoholproblem mir gegenüber, sie gab mir also damit zu verstehen, dass ich der Doofe war. Nun kam noch hinzu, dass ich zum ersten Mal in meinem Leben wegen des scheiß Alkohols fast den „Klappmann" gemacht hätte und dass ich meine Lehramtsausbildung wegen des blöden Alkohols unterbrochen hatte – wenn es auch nur für ein paar Stunden war. Schlussendlich gab es da ja auch noch die ziemlich unangenehme Erkenntnis, dass ich für meine Mutter am gestrigen Abend nur ein Grund zum Trinken war. Das eigene Fleisch und Blut war also nichts weiter als ein Mittel zum schlechten Zweck.

Diese Faktoren führten dazu, dass ich für mich entschied, ab sofort aus diesem verdammten Spiel auszusteigen. Genau jetzt war für mich das Ende erreicht. Genau deshalb kam ich zu einer Schlussfolgerung für mich, die für Außenstehende sicherlich nur sehr, sehr schwer nachzuvollziehen ist. Mir war es von nun an vollkommen egal, ob meine Mutter soff oder auch nicht – es war ihre Entscheidung, die ich nicht beeinflussen konnte. Etwas relativierend muss ich vielleicht noch sagen, dass mir nicht meine Mutter, sondern vielmehr ihr Verhalten egal war. Ich habe für mich in dieser Konklusion die einzige Option gesehen, die nicht nur Verlierer produziert. Rückblickend muss ich sagen, dass es in diesem Spiel fortan einen Gewinner gab, denn mir ging es nun wesentlich besser!

Kapitel 13: Spielende II

Es gab kurze Zeit später eine Situation, die den Anschein erweckte, dass das ganze Alkoholiker-Spiel beendet sein würde. Die Protagonistin, also meine Mutter, schien nicht mehr willens, sich vom Alkohol das Leben bestimmen zu lassen. Dies war jedoch keine ad hoc Entscheidung, sondern vielmehr das Ergebnis eines längeren Prozesses, der mich an Daumenschrauben erinnerte, die sukzessive fester gedreht wurden.

Der andauernde Alkoholismus meiner Mutter führte jedenfalls zu einer Eskalation auf einem anderen Schauplatz. Meine Mutter war mittlerweile „doppelte Oma" geworden, denn meine Schwester war nunmehr Mutter von zwei prächtigen Mädchen. Irgendwann stand seitens meiner Schwester bzw. meines Schwagers die Drohung im Raum, dass meine Mutter ihre Enkel nicht mehr sehen würde, wenn sie ihr Alkoholproblem nicht in den Griff bekommen würde. Überdies wollten sich weder meine Schwester noch mein Schwager auf gut gemeinte Beteuerungen verlassen, dass nun kein Alkohol mehr getrunken würde. Nein, vielmehr wurde darauf bestanden, dass sich meine Mutter in professionelle Hände begeben sollte. Dies mag wiederum recht drakonisch klingen, der eigenen Mutter mit Enkelentzug zu drohen. Doch mit ein wenig Nachdenken und Empathie wandelt sich diese drakonische Drohung sehr schnell in eine nachvollziehbare Logik um. Welche Mutter möchte denn ihre eigenen Kinder in der Obhut eines Alkoholikers wissen? Und hierbei spielt es keine Rolle, ob der Alkoholiker ein naher Anverwandter ist oder auch nicht. Die mütterlichen Schutzinstinkte meiner Schwester waren in diesem Augenblick in absoluter Alarmbereitschaft.

Diese Daumenschrauben veranlassten meine Mutter dazu, sich professionelle Hilfe zu suchen. Sie trat schließlich den anonymen Alkoholikern bei, die sie fortan mit meinem Vater zusammen regelmäßig besuchte. Kurz nach dieser Entscheidung schaute ich bei meinen Eltern vorbei. Meine Mutter und mein Vater hatten seinerzeit schon ihren ersten Termin bei den anonymen Alkoholikern wahrgenommen. Es wäre sicherlich stark übertrieben, wenn ich hier sagen würde, dass meine Mutter ein komplett anderer Mensch war. Jedoch fiel mir in ihrem ganzen Habitus eine sehr angenehme Wandlung auf. Meine Mutter wirkte im Vergleich zu früher wesentlich gelöster und befreiter. Es hatte den Anschein, als wäre eine immense Last von ihr genommen.

Beispielhaft dafür möchte ich eine kleine Begebenheit berichten, die sich an diesem Abend ereignete. Ich unterhielt mich mit meiner Mutter in der Küche, irgendwann stand ich auf, um mir eine Kaffeetasse zu holen. Meine Mutter wusste nicht, dass ich mir eine Kaffetasse holen wollte, so dass sie mit einem Augenzwinkern sagte: „Du brauchst gar nicht in den Küchenschränken zu schauen, da findest du keinen Klosterfrau-Melissengeist mehr!" Ich möchte nur kurz in Erinnerung rufen, dass sie ihren Klosterfrau-Melissengeist immer (reichlich dilettantisch) im Küchenschrank zu verstecken pflegte. Es war in diesem Augenblick das erste Mal, dass meine Mutter in meiner Gegenwart den Teufel beim Namen nannte. Sie gab jetzt also endlich zu, dass sie immer Klosterfrau-Melissengeist getrunken hatte. In diesem Zusammenhang muss ich noch erwähnen, dass es auch für mich sehr lange Zeit sehr schwierig war, dieses Wort, namentlich „Klosterfrau-Melissengeist", in den Mund zu nehmen. Auch ich ertappte mich häufig dabei, diesen Begriff irgendwie zu umschreiben bzw. diesem Teufel einen anderen Namen zu geben.

Nun schien sich also doch noch alles zum Guten zu wenden. Nun sollte anscheinend meinen Eltern doch noch das beschieden werden, was ihnen jeder von Herzen gönnte, nämlich ein geruhsamer Lebensabend. Hier war jedoch auch Vorsicht geboten, denn Erfolge sollten erst dann gefeiert werden, wenn sie von langfristiger Dauer sind. Und gerade trockene Alkoholiker zeichnen sich durch eine hohe Rückfallquote aus. Überdies garantiert eine kontinuierliche Teilnahme an den Treffen der anonymen Alkoholiker noch keine dauerhafte Abstinenz. Die Gruppe hatte hier zwar Notfallpläne und Telefonketten vorsorglich und wohlweislich ausgearbeitet, jedoch ist die dauerhafte Abstinenz eine Entscheidung, die bei jedem selbst liegt. Ich möchte schon hier kurz erwähnen, dass es auch bei meiner Mutter zu einem Rückfall kommen sollte.

Unverhältnismäßig hoher Alkoholkonsum hat nicht nur einen Zerfall des sozialen Umfelds zur Folge, sondern auch einen psychischen und physischen Zerfall.

In diesem Zusammenhang muss der Kaloriengehalt alkoholischer Getränke genannt werden. Ohne diese für einzelne Alkoholika zu spezifizieren kann gesagt werden, dass bei regelmäßigem Alkoholkonsum dem Körper beträchtliche Energiemengen zugeführt werden. Der allseits bekannte Bierbauch mag ein Beleg dafür sein. Des Weiteren ist auch Mangelernährung eine weitere Folge übermäßigen Alkoholkonsums. Zum Abbau von Alkohol benötigt der Körper eine erhöhte Menge an Vitaminen der B-Gruppe. Ein gesteigerter Bedarf kann zu ernsthaften Mangelerscheinungen führen, weil diese Vitamine schon mit der normalen Nahrung nicht in ausreichender Menge dem Körper zugeführt werden. Da viele Alkoholkranke sowieso ihre Ernährung vernachlässigen, sind gesundheitliche Schäden quasi vorprogrammiert.

Übermäßiger Alkoholkonsum stellt auch eine ernsthafte Gefahr für die Leber und die Bauchspeicheldrüse dar. Bereits geringe Mengen an Alkohol können zu einer krankhaften Fettleber führen. Bei stärkerem Alkoholmissbrauch kann auch eine Leberentzündung oder sogar eine Leberschrumpfung drohen. Die Leberschrumpfung ist auch durch langanhaltende Abstinenz nicht mehr reparabel. In Verbindung mit der Leberschrumpfung geht auch oftmals eine Entzündung der Bauchspeicheldrüse einher. Diese zeigt sich unter anderem in Ver-

dauungsstörungen und in einem Gewichtsverlust des Betroffenen.

Bereits bei einmaligem hochprozentigem Alkoholkonsum kann es zu einer Entzündung der Magenschleimhaut kommen. Diese äußert sich in Übelkeit und starkem Erbrechen. Findet der Alkoholmissbrauch über einen größeren Zeitraum statt, dann kann sich der gesamte Magen-Darm-Trakt entzünden. Konkrete Folgen sind Druckgefühle im Oberbauch, Magenschmerzen und Übelkeit. Des Weiteren steigt auch das Krebsrisiko vor allem im Mund-, Rachen- und Speiseröhrenbereich. Darüber hinaus beeinträchtigt Alkohol auch die Funktion der Lunge, Alkoholismus kann auch als häufige Vorstufe zu einer Lungenentzündung erkannt werden. Alkohol in Verbindung mit Nikotin erhöht die Anfälligkeit für Infektionen der Atemwege.

Regelmäßiger Alkoholkonsum kann auch zu einer Blutdrucksteigerung führen. In Verbindung mit erhöhten Blutfettwerten und Übergewicht wird somit das Risiko eines Schlaganfalls potenziert. Schließlich kann der Alkohol auch eine direkte Erkrankung des Herzmuskels bewirken. Diese äußert sich in Atemnot, Herzrasen und in Schwellungen der Beine.

Bereits im frühen Stadium der Alkoholkrankheit kann das Gehirn in Mitleidenschaft gezogen werden. Die Folge sind Amnesien und Blackouts. In einem fortgeschrittenen Stadium kann dies auch zu einer verminderten Hirndurchblutung und somit zur Hirnschrumpfung führen. Dies bedeutet für den Betroffenen im Extremfall sogar Unzurechnungsfähigkeit. Ebenso kann das übrige Nervensystem durch den Alkoholkonsum beeinträchtigt werden. Eine häufig auftretende Krankheit bei Alkoholikern ist eine Entzündung der langen Nervenbahnen. Diese Krankheit äußert sich unter anderem durch unangenehmes Kribbeln bzw. durch Taubheitsgefühl in Händen und Füßen. Typisch für Alkoholiker ist auch das nervlich bedingte Zittern (Tremor). Das Zittern beschränkt sich zunächst auf die Hände und die Finger kann jedoch später auf Zunge, Lippen, Kopf und Füße übergehen. Dieses Zittern kann durch weiteren Alkoholkonsum unterbunden werden, die Betroffenen werden somit quasi gezwungen, einen konstanten Alkoholspiegel aufrecht zu halten, um dem entgegenzuwirken.

Alkoholkonsum beeinträchtigt auch nachhaltig das Geschlechtsleben. Bei Männern führt ein chronischer Alkoholmissbrauch zur Herabsetzung der Produktion männlicher Sexualhormone und führt langfristig zu einer Schrumpfung des Hodengewebes. Bei Frauen mindert er die Fähigkeit zu emotionaler und körperlicher Liebe.

Besonders fatal sind die Auswirkungen übermäßigen Alkoholkonsums während der Schwangerschaft. Der Alkohol gelangt direkt in den Blutkreislauf und kann somit zu alkoholbedingten Missbildungen beim Neugeborenen führen. Die betroffenen Kinder weisen oftmals eine zu geringe Körper- und Schädelgröße auf, des Weiteren ist bei diesen Kindern auch die Intelligenz herabgesetzt.

Kapitel 14: Das Spiel geht weiter

Meine Mutter zog die regelmäßigen Treffen mit den anonymen Alkoholikern konsequent durch. Selbst als mein Vater körperlich abbaute und sie nur noch sporadisch begleiten konnte, ließ sie sich nicht beirren. Gegebenenfalls fuhr sie eben allein zu den Zusammenkünften. Unsere Freude über diese kopernikanische Wende war jedoch nur von kurzer Dauer. Irgendwann zeigte meine Mutter wieder ein Verhaltensmuster, das uns allen irgendwie ziemlich gut in Erinnerung geblieben ist. Bei meiner Schwester und bei meiner Partnerin kam schnell die Vermutung auf, dass da mal wieder etwas nicht stimmte. Da war beispielsweise wieder die lallende Stimme am Telefon. Noch vor 5 Jahren wäre ich diesen Vermutungen akribisch nachgegangen und hätte versucht, deren Wahrheitsgehalt zu untermauern. Heute jedoch befand ich mich nicht mehr in meiner Co-Alkoholiker-Rolle. Sollte diese Vermutung nicht stimmen, dann war es gut und sollte sie sich bewahrheiten, dann war es eben nicht gut. Diese Situation hätte ich mich früher zum handeln veranlasst, heute jedoch nicht mehr!

Aus diesem Grund machte ich mir auch keinerlei Gedanken als mir meine Mutter berichtete, dass sie über den Terrassenabsatz gestolpert war und sich eine schwere Prellung am Arm zu gezogen hatte. Überdies sah ihre linke Gesichtshälfte auch ein wenig ramponiert aus. Dies war jedenfalls die offizielle Sprechart, die auch von meinem Vater so bestätigt wurde. Erst nach dem Tod meiner Mutter berichtete mein Vater, dass meine Mutter nicht einfach so über den Absatz gestolpert war. Sie hatte vielmehr wieder einmal mächtig Promille im Blut. In diesem Zusammenhang zeigte auch mein Vater richtig klassisches Verhalten des Co-Alkoholikers. Er berichtete nämlich weiter, dass er eines Tages ein Rezept aus der Apotheke abholen musste. Dort wurde er von der Apothekerin gefragt, ob er auch noch eine Flasche Klosterfrau-Melissengeist für seine Frau mitnehmen wolle. Dies war selbstverständlich von der Apothekerin keine ernstgemeinte Frage, sondern vielmehr ein versteckter Hinweis, und zwar auf das augenscheinliche Alkoholproblem meiner Mutter. Danach fing mein Vater an, die Taschen meiner Mutter zu kontrollieren und wurde hier auch fündig: er fand einen Kassenbeleg, auf dem Klosterfrau-Melissengeist ausgewiesen war. Ein klassisches Verhalten eines Co-Alkoholikers! Obwohl es alles andere als lustig war, als mein Vater mir diese Geschichte erzählte, konnte ich ein leichtes Grinsen nicht verbergen. Mir kam dieses Verhalten nämlich allzu bekannt vor, auch ich hatte schließlich eine sehr lange Zeit in meinem Leben so gehandelt. Auch ich habe versucht, den Alkoholmissbrauch zu kontrollieren… mit recht unbefriedigenden Ergebnissen. Mein Vater berief daraufhin einen Krisengipfel bei den anonymen Alkoholikern ein. Was dabei herausgekommen ist bzw. was dort besprochen wurde, entzieht sich jedoch meiner Kenntnis.

Wie ich bereits vorab kurz erwähnte, habe ich meine neue Rolle als „geläuteter" Co-Alkoholiker konsequent beibehalten. Es wäre sicherlich falsch, wenn ich hier sagen würde, dass mir meine Mutter fortan egal war. Das war sie bei weitem nicht! Ich nahm jede neue Situation in Bezug auf meine Mutter als schlicht und ergreifend gegeben an. Es gab bei mir von nun an keine Krisengespräche unter vier Augen mehr, es gab auch kein plötzliches Verlassen des Arbeitsplatzes mehr, weil Daheim etwas Dringendes zu klären war. Es gab nichts von alledem mehr! Die Situation war mal wieder ziemlich beschissen, da beißt die Maus kein Faden ab. Jedoch war diese beschissene Situation nicht mehr meine beschissene Situation!

Ungefähr ein halbes Jahr vor dem Tod meiner Mutter habe ich mich spontan dazu entschlossen, die anonymen Alkoholiker aufzusuchen. Der Auslöser für diese Entscheidung war weniger der erneute Rückfall meiner Mutter, sondern es waren vielmehr ganz egoistische Motive, die mich dazu trieben. Ich wollte einfach mal vor trockenen Alkoholikern reden, ich wollte einfach mal der ganzen Gruppe ohne Umschweife und ohne beschönigende Worte zeigen, wie sich Anverwandte von Alkoholikern fühlen und was sie denken.

Ich wurde damals von der Gruppe, es waren seinerzeit etwa 20 Mitglieder anwesend, sehr herzlich und offen empfangen. Ich fühlte mich von fast jedem Gruppenmitglied mit offenen Armen angenommen. Aber wieso eigentlich nur von „fast" jedem Gruppenmitglied? Nun, meine Mutter hielt sich ziemlich zurück, immerhin habe ich mein Erscheinen auch vorab nicht an die große Glocke gehängt. Der ganze Habitus und die ganze Körpersprache meiner Mutter gaben mir ziemlich unmissverständlich zu verstehen: „Es ist mir tierisch unangenehm, dass du heute hier bist!" Aber weshalb war es ihr denn unangenehm? Weshalb begrüßte sie mich an der Tür mit den Worten. „Kontrollierst du mich jetzt?" Wer nichts zu verbergen hat, der muss sich doch auch nicht kontrolliert fühlen! Ich vermute einfach mal, dass meine Mutter Angst hatte, dass nun irgendetwas Unangenehmes ans Tageslicht kommen würde, ich vermute auch, dass sie schlicht und ergreifend ein schlechtes Gewissen hatte.

Wir bildeten nach der Begrüßung einen Stuhlkreis. Ich stellte mich kurz vor und fragte die Gruppe, ob Interesse bestehen würde, wenn auch mal ein Co-Alkoholiker aus seinem Leben berichten würde. Es bestand Interesse und ich hielt einen ca. halbstündigen Monolog über mein Leben als Co-Alkoholiker. Ich nahm hier kein Blatt vor den Mund, sondern gab meine Empfindungen im Zusammenhang mit dem Alkohol ehrlich und ungeschminkt wieder. Ich hatte zu keiner Zeit das Gefühl, dass ich den anwesenden Leuten mit meinen direkten Worten auf den Schlips treten würde. Ganz im Gegenteil, denn ich hatte sogar das Gefühl, dass an dieser Stelle beschönigende Worte überhaupt nicht gewünscht waren.

Was ist wohl aufgrund dieses Besuchs hängen geblieben? Ich denke, dass ich eine ganze Menge bei der Gruppe lassen konnte. Allein die Bitte, die im Anschluss an mich herangetragen wurde, doch bitte mal wieder zu kommen, zeigte mir, dass mein Erscheinen wahrlich nicht vergebens war. Lediglich bei meiner Mutter ist nach meinem Eindruck nur das Gefühl der Kontrolle hängen geblieben – nicht mehr!

Ich fuhr jedenfalls und trotzdem mit einem guten Gefühl nach Hause. Ich hatte kein gutes Gefühl, weil ich mal kräftig vom Leder gezogen hatte oder gar weil ich es „den Alkis" mal so richtig gezeigt hatte. Nein, ich hatte ein gutes Gefühl, weil ich zum ersten Mal meine wahren und ehrlichen Empfindungen ganz ungeschminkt wiedergeben konnte. Ich hatte weiterhin ein gutes Gefühl, weil ich das Empfinden hatte, dass meine Botschaft so angekommen ist, wie ich sie auch senden wollte. Das heißt keine Vorwürfe, kein Heulen und Wehklagen, sondern nur ehrliche Gefühle!

Alkoholismus hat auch erhebliche Auswirkungen auf die menschliche Psyche. Im Extremfall kann dieser sogar zu schweren Alkoholpsychosen führen. Übermäßiger Alkoholkonsum kann zu erheblichen Stimmungsschwankungen führen. Die durch den Alkohol bedingte Euphorie kann schlagartig in eine tiefe Melancholie umschlagen. Die depressiven Phasen bei Alkoholkranken können durchaus mehrere Wochen anhalten und mit Suizidgedanken verbunden sein. Im fortgeschrittenen Stadium der Krankheit kann es auch zu Angstzuständen kommen, vereinzelt können auch Verfolgungs-, Größen- oder Krankheitswahn auftreten. Die toxische Wirkung des Alkohols kann im Zeitablauf eine Veränderung der Persönlichkeit des Alkoholikers bewirken. Betroffene zeigen auf einmal völlig wesensfremde Verhaltensweisen, sogar vor kriminellen Handlungen wird hier nicht mehr zurückgeschreckt. Überdies nehmen die Orientierungsfähigkeit und das Urteilsvermögen ab.

Besonders weitgehende alkoholbedingte seelische Störungen sind Psychosen. Dem Alkoholdelir geht oftmals ein kontinuierlicher, rauscharmer Alkoholmissbrauch voraus. Das Alkoholdelir äußert sich vor allem durch Sinnestäuschungen und Desorientierung. Charakteristisch hierfür sind optische Sinnestäuschungen, hier bilden sich Betroffenen ein, weiße Mäuse oder andere Kriechtiere zu sehen. Wenn das Alkoholdelir nicht fachkundig behandelt wird, dann kann es für den Betroffenen tödlich enden. Demgegenüber steht die Alkoholhalluzinose, eine seltene und chronisch verlaufende Psychose bei schwerem Alkoholismus. Im Vordergrund stehen hier akustische Sinnestäuschungen.

Das Wernicke-Korsakow-Syndrom ist bei drei bis fünf Prozent aller Betroffenen zu beobachten. Die neurologischen Störungen, d.h. Pupillenstörungen, Gang- und Standunsicherheit, werden bei dem Wernicke-Korsakow-Syndrom bald von psychischen Störungen begleitet. Diese beginnen mit einem leichten Delirium und führen zu rascher Ermüdung, Verlust der Eigeninitiative, Apathie und Teilnahmslosigkeit. Im Verlaufe der Krankheit kann es auch zu sogenannten Konfabulationen kommen, d.h. der Kranke versucht, seine Gedächtnislücken durch Phantasiegebilde auszufüllen.

Hinsichtlich meiner Mutter kommen mir insbesondere Apathie, Teilnahmslosigkeit und Phantasiegebilde erschreckend bekannt vor. Ich möchte mich hier davor hüten, irgendwelche Diagnosen post mortem auszustellen, denn dafür bin ich nicht ausgebildet. Ich möchte hier nur darauf hinweisen, dass mir einige Symptome, die ich hier beschrieben habe, in praxi durchaus über den Weg gelaufen sind. Insbesondere die Teilnahmslosigkeit konnte ich bei meiner Mutter forciert beobachten. Alles, wirklich alles schien für sie überhaupt keinen Wert mehr zu haben. Da wurden Sachen und Zeug einfach in die Schubladen gestopft, damit sie aus dem Blickfeld verschwanden. Selbst Fotos von den Enkeltöchtern lagen ohne erkennbares System einfach nur in mehreren Schubladen verteilt herum. Während der letzten Phase ihres Lebens schien es meiner Mutter nur noch wichtig zu sein, auf ihrem Bett zu liegen und in die Glotze zu schauen. Es gab auch einige Situationen, an die ich mich noch leidvoll erinnere, in denen meine Mutter mit Verlaub gesagt nur wirres Krams von sich gab. Rückblickend denke ich, dass sich hier schon in der Tat erste Gedächtnislücken bei ihr bemerkbar machten. Des Weiteren hatte ich auch das Gefühl, dass meine Mutter uns auf Biegen und Brechen eine schöne, heile Welt vorspielen wollte. Sie wollte uns bis zum Schluss weismachen, dass sie selbst noch sehr agil war und jede Menge im Haushalt tat. Wir wussten jedoch sehr genau, dass dies mittlerweile alles nicht mehr stimmte. Denn da waren jede Menge helfende Hände, die ihr die Arbeit abnahmen. Meine Mutter selbst tat in ihrer letzten Lebensphase zu Hause so gut wie gar nichts mehr. Das wollte sie jedoch anscheinend nicht wahrhaben und das wollte sie auch andere nicht wahrhaben lassen.

Kapitel 15: Exitus

Es ist unschwer an der Kapitelüberschrift zu erkennen, dass wir uns dem Ende dieses Buches nähern, das mit dem Tod meiner Mutter beschlossen wird. Ich möchte an dieser Stelle noch einmal erwähnen, dass es sich bei dem Tod meiner Mutter nicht um einen typischen Alkoholikertod handelte.

Wir schrieben das Jahr 2011, es war Anfang Dezember. Ich war auf einer Dienstreise in Baden-Württemberg als mein Telefon klingelte. Am anderen Ende befand sich meine Mutter, dies war keineswegs typisch, denn meine Mutter rief mich mittlerweile relativ selten an. Wir unterhielten uns ein wenig, dann kam meine Mutter schnell zum eigentlichen Thema. Es ging um die Organisation des diesjährigen Weihnachtsfestes. Normalerweise trafen wir uns am ersten Weihnachtstag bei meinen Eltern und aßen eine Gans, die meine Mutter zubereitet hatte. Da es ihr zu diesem Zeitpunkt körperlich nicht sonderlich gut ging schlug ich vor, dass wir dieses Jahr einfach mit Kaffee und Kuchen bei meinen Eltern vorbeikommen, so dass meine Mutter nichts vorzubereiten bräuchte. Sie willigte sofort und bereitwillig ein. Dabei fiel mir auf, dass meine Mutter mehrere Male betonte: „Ich kann auch nicht mehr!" Dies sagte sie keineswegs mit einem leidenden Unterton, sondern als nüchterne Tatsache. Dies war ziemlich ungewöhnlich für meine Mutter. Der Satz „Ich kann nicht mehr" war nun wahrhaftig nicht fest in ihren Wortschatz verankert. Des Weiteren war es für meine Mutter absolut untypisch, so schnell und bereitwillig die Organisation des ersten Weihnachtstages aus der Hand zu geben. Es war eine sehr seltene Situation, in der meine Mutter Schwäche offenbarte und ihre ganz persönlichen Belastungsgrenzen frank und frei zugab. Vielleicht war genau dies auch eine weitere Triebfeder für meine Mutter, zur Flasche zu greifen. Vielleicht hat sie sehr häufig Schwäche bzw. ihre körperlichen Grenzen verspürt, war aber zu stolz, dieses öffentlich zuzugeben. Somit musste der Alkohol helfen, diese Schwächen zu kompensieren. Das fällt aber wiederum in den Bereich der Spekulationen.

Meine Mutter war während des Telefonats vollkommen klar und gefasst. Ich lege noch heute meine Hand dafür ins Feuer, dass sie auch vollkommen nüchtern war. Dies waren jedenfalls die letzten Worte, die ich mit meiner Mutter gewechselt habe. Schon drei Tage später war sie klinisch tot. Im Nachhinein freue ich mich, dass mein letzter Kontakt zu meiner Mutter genauso war, wie es ihrer würdig war. Ich bin froh, dass ich eben nicht als letzten Eindruck die betrunkene und lallende Mutter für mich mitnehmen musste.

Einen Tag nach diesem Anruf besuchten meine Eltern meine Schwester. Hier kam es bei der Verabschiedung zu einer sehr unglücklichen Situation. Mein Vater, der körperlich ebenfalls etwas wackelig war und ist, geriet auf der Türschwelle ins Straucheln. Meine Mutter wollte ihn instinktiv irgendwie vor dem Sturz bewahren. Dies war natürlich ein absolut unsinniges Unterfangen, so dass beide wie Dominosteine der Länge nach hinfielen. Meine Mutter fiel dabei auf ihren Kopf. Da sich der Sturz der beiden mehr oder weniger im Zeitlupentempo zutrug, wurde er von allen Seiten als nicht sonderlich dramatisch empfunden. Keine 24 Stunden später wurde meine Mutter per Rettungshubschrauber ins Krankenhaus geflogen. Die behandelnden Ärzte auf der Intensivstation bestätigten mir, dass sie bereits im Hubschrauber klinisch tot war. Aufgrund des Sturzes hatte sich vermutlich in ihrem Gehirn ein Aneurysma gebildet, das kurze Zeit später geplatzt ist. Die anschließenden Hirnblutungen und die Tatsache, dass meine Mutter blutverdünnende Medikamente einnahm, führten letztendlich zu ihrem Tod. Hier zeigte sich dann auch die bittere Ironie des Schicksals. Meine Mutter war zeitlebens eine starke Trinkerin, jedoch waren die Umstände ihres Todes in jeder Hinsicht absolut nüchtern.

Abschließend muss ich sagen, dass ich trotz aller schlimmen Erlebnisse, trotz aller Widrigkeiten, trotz einer wahrlich schlimmen Kindheit, trotz allen Ekels, den ich bei ihren Alko-holexzessen empfand und trotz aller Trauer meiner Mutter diese Art von dieser Welt zu gehen von Herzen gegönnt habe. Ihr ist es erspart geblieben, ein bettlägeriger Pflegefall zu sein und was noch viel wesentlicher ist, sie hat zum Zeitpunkt ihres To-des keine Sekunde gelitten. Sie hat zeitlebens genug über ihren Körper ergehen lassen müssen, so dass ihr Leib wenigstens in den letzten Augenblicken ihres Lebens nicht noch mehr Schmerzen erfahren musste.

Möge der Allmächtige ihrer Seele einen schönen Platz im Himmel bereiten.

Epilog

Meine Mutter ist im Dezember des Jahres 2011 friedlich eingeschlafen. Als ich bei meinen Eltern ein wenig aufräumte, fand ich in ihrer Jackentasche eine Flasche Klosterfrau-Melissengeist. Diese Flasche steht jetzt in meinem Büro auf einem Regal. Vor diese Flasche habe ich ein altes schwarz-weiß Foto meiner Mutter gelehnt. Dies mag dem ersten Anschein nach etwas despektierlich aussehen, ich meine es jedoch in keinster Weise abwertend. Hier ist für mich eine kleine Ecke, wo ich meiner Mutter gedenke, diese kleine Ecke ist jedoch für mich auch zugleich Mahnung. Eine Mahnung, mein Leben nie wieder vom Alkohol diktieren zu lassen. Auf der einen Seite will ich genau dann ein Bier trinken, wann ich Lust darauf habe und auf der anderen Seite möchte ich nie wieder mit einer mir lieb gewonnenen Person das Alkoholiker-Spiel spielen.

Der Co-Alkoholismus offenbarte sich auch noch nach dem Tod meiner Mutter. Freunde und Verwandte hielten nach ihrem Tod Loblieder auf sie. Dies sei meiner Mutter auch gegönnt und ich freue mich auch, dass meine Mutter eine derart „breite Spur" des guten Leumunds hinterlassen hat, denn dies spiegelte ihren eigentlichen Charakter gut wider.

Jedoch konnte ich auch häufig beobachten, dass ihre Freunde und Bekannte sehr schnell bestrebt waren, das Thema zu wechseln, wenn das Gespräch auf den Alkoholismus meiner Mutter gelenkt wurde. Hier galt anscheinend wieder das schlechte alte Motto: Was nicht sein darf, das ist auch nicht! Anscheinend haben wir es immer noch mit einem großen Tabuthema zu schaffen, über das der brave Michel öffentlich nicht sprechen darf. Mit dieser „drei-Affen-Taktik", d.h. nichts sehen, nichts hören und nichts sagen, lassen wir noch weitere Metastasen des widerlichen Geschwürs, das auf den Namen „Alkoholismus" hört, wuchern. Jeder Säufer wird sich artig für euer Schweigen, euer Wegschauen und euer Weghören bei einer weiteren Flasche Schnaps bedanken. Da ich immerhin fast drei Jahrzehnte genauso gehandelt habe, ist das vorab Gesagte somit nicht als Vorwurf, sondern mehr als Erfahrungen, die am eigenen Leib erlebt wurden, zu verstehen.

Ich möchte auf der anderen Seite um Gottes Willen auch nicht zu einem Hexensabbat aufrufen. Wenn hier mal über die Stränge geschlagen wurde oder dort Heranwachsende nach dem Schützenfest mit schwerem Kopf um 12.00 Uhr mittags in ihrem Bett aufwachen, darf nicht sofort das Damoklesschwert des Alkoholismus' aus seiner Scheide gezogen werden. Es reicht hier voll und ganz, den gesunden Menschenverstand spielen lassen. Ich lege auch meine Hand dafür ins Feuer, dass das ach so ahnungslose Umfeld meiner Mutter, d.h. Freunde und Bekannte, sich bei sorgfältigem Nachdenken eingestehen muss: „Ja, ich kann mich an genug Situationen erinnern, wo irgendetwas nicht ganz richtig war!"

Falls jemand nach dem Lesen dieses Buches sagt: „Naja, mich betrifft es ja zum Glück nicht!", dem kann ich nur entgegnen: „Das musst du für dich selbst beantworten!". Es mag durchaus sein, dass es dich nicht betrifft, es mag aber auch durchaus sein, dass du dir selbst einen vormachst und in spätestens 10 Jahren in irgendeiner Gosse vollgepisst und stark alkoholisiert aufwachen wirst. Aber das ist nicht mein Problem! Und in diesem Zusammenhang noch ein Wort an alle Co-Alkoholiker: Löst euch von dem Gedanken, dass ausgerechnet ihr in der Lage seid, das Verhalten des Alkoholikers zu ändern. Löst euch von diesem Gedanken oder ihr werdet mit dem Alkoholiker untergehen.

Ich möchte dieses Buch mit einem Hinweis an alle Trinker oder die, die es noch werden wollen, beenden:

Lasst endlich das Saufen sein!